CE JOURNAL
APPARTIENT À :

_____

_____

_____

Préface du Journal Holistique :
Un Voyage vers l'Équilibre Intérieur

Bienvenue dans ce journal holistique, un espace dédié à votre bien-être global, où chaque page vous invite à explorer, observer et comprendre votre santé sous toutes ses dimensions : physique, émotionnelle, mentale et spirituelle.

Dans notre vie quotidienne, il est facile de perdre de vue les liens subtils entre nos habitudes, nos émotions, notre environnement et les manifestations de notre corps.

Ce journal est conçu comme un compagnon de route, un outil de conscience et d'introspection pour vous aider à tracer un portrait fidèle de votre équilibre.

Ici, vous pourrez noter vos symptômes, mais aussi les contextes dans lesquels ils apparaissent : vos cycles personnels, votre alimentation, votre sommeil, vos pensées dominantes, et même les phases de la lune si cela vous parle. En suivant ces éléments, vous découvrirez peut-être des schémas récurrents, des déclencheurs cachés, ou des pistes pour harmoniser votre quotidien.

Prenez ce temps pour vous. Écrivez avec bienveillance, sans jugement, comme si vous adressiez une lettre à votre meilleur(e) ami(e). Ce processus d'écriture, à la fois analytique et intuitif, vous aidera à cultiver une meilleure compréhension de vous-même, tout en vous offrant un précieux support pour dialoguer avec vos professionnels de santé si besoin.

Que ce journal devienne un refuge, une boussole et une archive précieuse de votre évolution personnelle. Et surtout, souvenez-vous : chaque étape, même la plus petite, est une victoire sur le chemin du bien-être.

Avec sérénité et gratitude,

Anaïs Coach

Prête à commencer votre voyage ?
Prenez votre crayon et laissez votre histoire s'écrire.

MÉTÉO DU JOUR

DATE: /   /

1. AUJOURD'HUI, JE SUIS RECONNAISSANTE DE:

2.

3.

MOOD DU JOUR

ANGRY   TIRED   SAD   HAPPY   EXCITED

COMMENT TU TE SENS AUJOURD'HUI?

NOTES

AFFIRMATION DU JOUR

JOURNAL DU JOUR

DATE: /   /

ENERGIE: /10

STRESS: /10

APPÉTIT: /10

DIGESTION: /10

MÉDICAMENTS

QUALITÉ DU SOMMEIL

HEURES DE SOMMEIL :

HYDRATATION

ACTIVITÉES DE LA JOURNÉE

ACTIVITÉ PHYSIQUE

JOURNAL DU JOUR

DATE: /   /

QUELLE PETITE VICTOIRE AI-JE ACCOMPLIE AUJOURD'HUI?

....

....

....

MOMENT HEUREUX DE LA JOURNÉE

....

....

....

....

....

COMMENT ADAPTER MA JOURNÉE

....

....

....

....

MES PENSÉES DU JOUR

DATE: /   /

BOCAL DES PENSÉES POSITIVES

5 MINUTES DE JOURNALING

Où ai-je mal ?

Hachurez sur les schémas la totalité des zones où vous avez ressenti une douleur. Mettez une croix pour désigner l'endroit où la douleur est ressentie avec le maximum d'intensité.

Suivi des symptômes

DATE :   HEURE:

UTILISEZ LE SCHÉMA CI-DESSOUS POUR LOCALISER VOS DOULEURS :

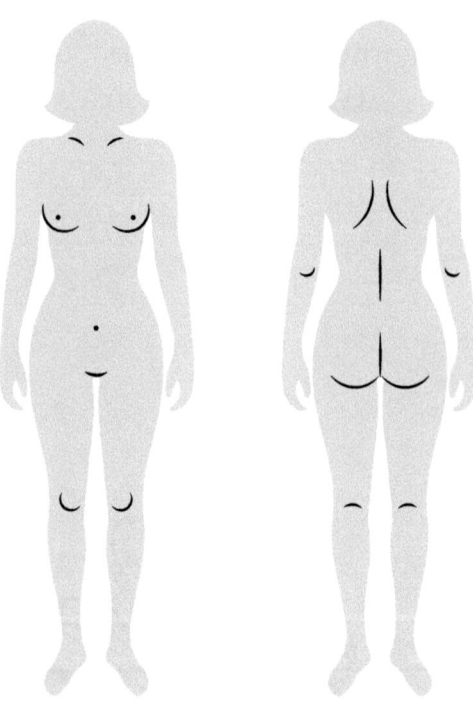

LOCALISATION 1:   LOCALISATION 2:

INTENSITÉ DE LA DOULEUR (1 À10) :   INTENSITÉ DE LA DOULEUR (1 À10) :

DESCRIPTION DE LA DOULEUR: DESCRIPTION DE LA DOULEUR:

DURÉES DES SYMPTÔMES: DURÉES DES SYMPTÔMES:

FACTEURS DÉCLANCHANTS: FACTEURS DÉCLANCHANTS:

AUTRES OBSERVATIONS: AUTRES OBSERVATIONS:

Suivi des symptômes

DATE :   HEURE:

LOCALISATION 3:
INTENSITÉ DE LA DOULEUR (1 À10) :
DESCRIPTION DE LA DOULEUR:
DURÉES DES SYMPTÔMES:
FACTEURS DÉCLANCHANTS:
AUTRES OBSERVATIONS:

LOCALISATION 4:
INTENSITÉ DE LA DOULEUR (1 À10) :
DESCRIPTION DE LA DOULEUR:
DURÉES DES SYMPTÔMES:
FACTEURS DÉCLANCHANTS:
AUTRES OBSERVATIONS:

LOCALISATION 5:
INTENSITÉ DE LA DOULEUR (1 À10) :
DESCRIPTION DE LA DOULEUR:
DURÉES DES SYMPTÔMES:
FACTEURS DÉCLANCHANTS:
AUTRES OBSERVATIONS:

LOCALISATION 6:
INTENSITÉ DE LA DOULEUR (1 À10) :
DESCRIPTION DE LA DOULEUR:
DURÉES DES SYMPTÔMES:
FACTEURS DÉCLANCHANTS:
AUTRES OBSERVATIONS:

LOCALISATION 7:
INTENSITÉ DE LA DOULEUR (1 À10) :
DESCRIPTION DE LA DOULEUR:
DURÉES DES SYMPTÔMES:
FACTEURS DÉCLANCHANTS:
AUTRES OBSERVATIONS:

LOCALISATION 8:
INTENSITÉ DE LA DOULEUR (1 À10) :
DESCRIPTION DE LA DOULEUR:
DURÉES DES SYMPTÔMES:
FACTEURS DÉCLANCHANTS:
AUTRES OBSERVATIONS:

Suivi des symptômes

DATE :   HEURE:

NOTES::

NOTES:

NOTES:

Semaine

DATE :   HEURE:

OBJECTIFS DE MA SEMAINE:

PRIORITÉES:

ACTIVITÉS PRÉVUES:

Activités Physiques

DATE :   HEURE:

ACTIVITÉES PHYSIQUES :

COMMENT JE ME SUIS SENTI(E) PENDANT L'ACTIVITÉ :

COMMENT JE ME SENS APRÈS:

Alimentation du jour

DATE :   HEURE:

REPAS DU MATIN

REPAS DU MIDI

REPAS DU SOIR

ENCAS

Les Aliments

DATE :   HEURE :
_____   _____

ALIMENTS À PRÉVILÉGIER :
_____
_____
_____
_____

ALIMENTS À ÉVITER :
_____
_____
_____
_____

ALIMENTS EN FAIBLE QUANTITÉ :
_____
_____
_____
_____

Suivi Alimentation & Symptômes

DATE :

Symtômes

Alimentation	Ballonnement	Douleurs	Nausées	Fatigue	Ventre Gonflé	Constipation	Diarrhée
_____	○	○	○	○	○	○	○
_____	○	○	○	○	○	○	○
_____	○	○	○	○	○	○	○
_____	○	○	○	○	○	○	○
_____	○	○	○	○	○	○	○
_____	○	○	○	○	○	○	○
_____	○	○	○	○	○	○	○
_____	○	○	○	○	○	○	○
_____	○	○	○	○	○	○	○

NOTES :

Ma Routine Du Jour

Matin

	LUN	MAR	MER	JEU	VEN	SAM	DIM
_____	○	○	○	○	○	○	○
_____	○	○	○	○	○	○	○
_____	○	○	○	○	○	○	○
_____	○	○	○	○	○	○	○
_____	○	○	○	○	○	○	○

Après-Midi

	LUN	MAR	MER	JEU	VEN	SAM	DIM
_____	○	○	○	○	○	○	○
_____	○	○	○	○	○	○	○
_____	○	○	○	○	○	○	○
_____	○	○	○	○	○	○	○
_____	○	○	○	○	○	○	○

Soirée

	LUN	MAR	MER	JEU	VEN	SAM	DIM
_____	○	○	○	○	○	○	○
_____	○	○	○	○	○	○	○
_____	○	○	○	○	○	○	○
_____	○	○	○	○	○	○	○
_____	○	○	○	○	○	○	○

MÉTÉO DU JOUR

DATE: /   /

¹AUJOURD'HUI, JE SUIS RECONNAISSANTE DE:

2. ....

3. ....

   ....

MOOD DU JOUR

😠 😒 🙁 🙂 😆
ANGRY TIRED SAD HAPPY EXCITED

COMMENT TU TE SENS AUJOURD'HUI?

....
....
....
....

NOTES

....
....
....
....

AFFIRMATION DU JOUR

....
....
....
....

JOURNAL DU JOUR

DATE: /   /

ENERGIE: /10

STRESS: /10

APPÉTIT: /10

DIGESTION: /10

MÉDICAMENTS

QUALITÉ DU SOMMEIL

HEURES DE SOMMEIL :

HYDRATATION

ACTIVITÉES DE LA JOURNÉE

ACTIVITÉ PHYSIQUE

JOURNAL DU JOUR

DATE: /   /

QUELLE PETITE VICTOIRE AI-JE ACCOMPLIE AUJOURD'HUI?

....
....
....

MOMENT HEUREUX DE LA JOURNÉE

....
....
....
....
....

COMMENT ADAPTER MA JOURNÉE

....
....
....
....
....

MES PENSÉES DU JOUR

DATE: /   /

BOCAL DES PENSÉES POSITIVES

5 MINUTES DE JOURNALING

Suivi des symptômes

DATE :   HEURE:

UTILISEZ LE SCHÉMA CI-DESSOUS POUR LOCALISER VOS DOULEURS :

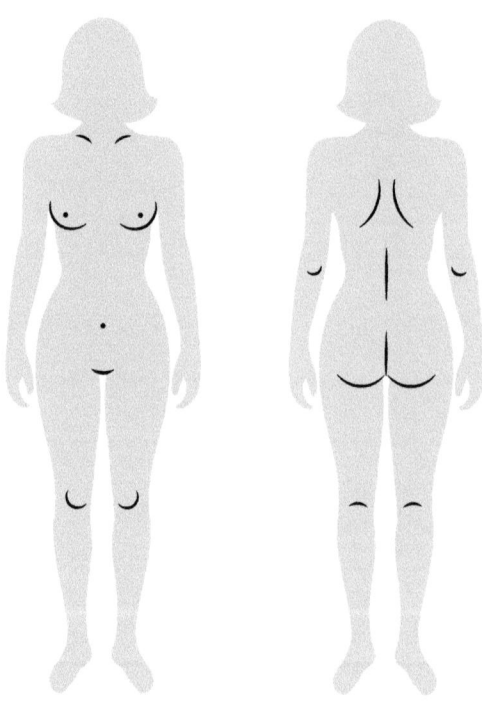

LOCALISATION 1:

INTENSITÉ DE LA DOULEUR (1 À10) :

DESCRIPTION DE LA DOULEUR:

DURÉES DES SYMPTÔMES:

FACTEURS DÉCLANCHANTS:

AUTRES OBSERVATIONS:

LOCALISATION 2:

INTENSITÉ DE LA DOULEUR (1 À10) :

DESCRIPTION DE LA DOULEUR:

DURÉES DES SYMPTÔMES:

FACTEURS DÉCLANCHANTS:

AUTRES OBSERVATIONS:

Suivi des symptômes

DATE :   HEURE:

LOCALISATION 3:
INTENSITÉ DE LA DOULEUR (1 À10) :
DESCRIPTION DE LA DOULEUR:
DURÉES DES SYMPTÔMES:
FACTEURS DÉCLANCHANTS:
AUTRES OBSERVATIONS:

LOCALISATION 4:
INTENSITÉ DE LA DOULEUR (1 À10) :
DESCRIPTION DE LA DOULEUR:
DURÉES DES SYMPTÔMES:
FACTEURS DÉCLANCHANTS:
AUTRES OBSERVATIONS:

LOCALISATION 5:
INTENSITÉ DE LA DOULEUR (1 À10) :
DESCRIPTION DE LA DOULEUR:
DURÉES DES SYMPTÔMES:
FACTEURS DÉCLANCHANTS:
AUTRES OBSERVATIONS:

LOCALISATION 6:
INTENSITÉ DE LA DOULEUR (1 À10) :
DESCRIPTION DE LA DOULEUR:
DURÉES DES SYMPTÔMES:
FACTEURS DÉCLANCHANTS:
AUTRES OBSERVATIONS:

LOCALISATION 7:
INTENSITÉ DE LA DOULEUR (1 À10) :
DESCRIPTION DE LA DOULEUR:
DURÉES DES SYMPTÔMES:
FACTEURS DÉCLANCHANTS:
AUTRES OBSERVATIONS:

LOCALISATION 8:
INTENSITÉ DE LA DOULEUR (1 À10) :
DESCRIPTION DE LA DOULEUR:
DURÉES DES SYMPTÔMES:
FACTEURS DÉCLANCHANTS:
AUTRES OBSERVATIONS:

Suivi des symptômes

DATE :   HEURE:

NOTES::

NOTES:

NOTES:

Semaine

DATE :   HEURE:

OBJECTIFS DE MA SEMAINE:

PRIORITÉES:

ACTIVITÉS PRÉVUES:

Activités Physiques

DATE :   HEURE:

ACTIVITÉES PHYSIQUES :

COMMENT JE ME SUIS SENTI(E) PENDANT L'ACTIVITÉ :

COMMENT JE ME SENS APRÈS:

Alimentation du jour

DATE :   HEURE:

REPAS DU MATIN

REPAS DU MIDI

REPAS DU SOIR

ENCAS

Les Aliments

DATE :   HEURE:
_____

ALIMENTS À PRÉVILÉGIER:
_____
_____
_____
_____

ALIMENTS À ÉVITER:
_____
_____
_____
_____

ALIMENTS EN FAIBLE QUANTITÉ :
_____
_____
_____
_____

Suivi Alimentation & Symptômes

DATE :

Symtômes

Alimentation	Ballonnement	Douleurs	Nausées	Fatigue	Ventre Gonflé	Constipation	Diarrhée
_____	◯	◯	◯	◯	◯	◯	◯
_____	◯	◯	◯	◯	◯	◯	◯
_____	◯	◯	◯	◯	◯	◯	◯
_____	◯	◯	◯	◯	◯	◯	◯
_____	◯	◯	◯	◯	◯	◯	◯
_____	◯	◯	◯	◯	◯	◯	◯
_____	◯	◯	◯	◯	◯	◯	◯
_____	◯	◯	◯	◯	◯	◯	◯
_____	◯	◯	◯	◯	◯	◯	◯

NOTES:

Ma Routine Du Jour

Matin

	LUN	MAR	MER	JEU	VEN	SAM	DIM
_____	○	○	○	○	○	○	○
_____	○	○	○	○	○	○	○
_____	○	○	○	○	○	○	○
_____	○	○	○	○	○	○	○
_____	○	○	○	○	○	○	○

Après-Midi

	LUN	MAR	MER	JEU	VEN	SAM	DIM
_____	○	○	○	○	○	○	○
_____	○	○	○	○	○	○	○
_____	○	○	○	○	○	○	○
_____	○	○	○	○	○	○	○
_____	○	○	○	○	○	○	○

Soirée

	LUN	MAR	MER	JEU	VEN	SAM	DIM
_____	○	○	○	○	○	○	○
_____	○	○	○	○	○	○	○
_____	○	○	○	○	○	○	○
_____	○	○	○	○	○	○	○
_____	○	○	○	○	○	○	○

MÉTÉO DU JOUR

DATE: /   /

1. AUJOURD'HUI, JE SUIS RECONNAISSANTE DE:

2.
....

3.
....

....

MOOD DU JOUR

ANGRY   TIRED   SAD   HAPPY   EXCITED

COMMENT TU TE SENS AUJOURD'HUI?

....
....
....
....
....

NOTES

....
....
....
....

AFFIRMATION DU JOUR

....
....
....
....

JOURNAL DU JOUR

DATE: /   /

ENERGIE: /10

STRESS: /10

APPÉTIT: /10

DIGESTION: /10

MÉDICAMENTS

QUALITÉ DU SOMMEIL

HEURES DE SOMMEIL :

HYDRATATION

ACTIVITÉES DE LA JOURNÉE

ACTIVITÉ PHYSIQUE

JOURNAL DU JOUR

DATE: /   /

QUELLE PETITE VICTOIRE AI-JE ACCOMPLIE AUJOURD'HUI?

....
....
....

MOMENT HEUREUX DE LA JOURNÉE

....
....
....
....
....

COMMENT ADAPTER MA JOURNÉE

....
....
....
....
....

MES PENSÉES DU JOUR

DATE: /   /

BOCAL DES PENSÉES POSITIVES

5 MINUTES DE JOURNALING

Suivi des symptômes

DATE :   HEURE:

UTILISEZ LE SCHÉMA CI-DESSOUS POUR LOCALISER VOS DOULEURS :

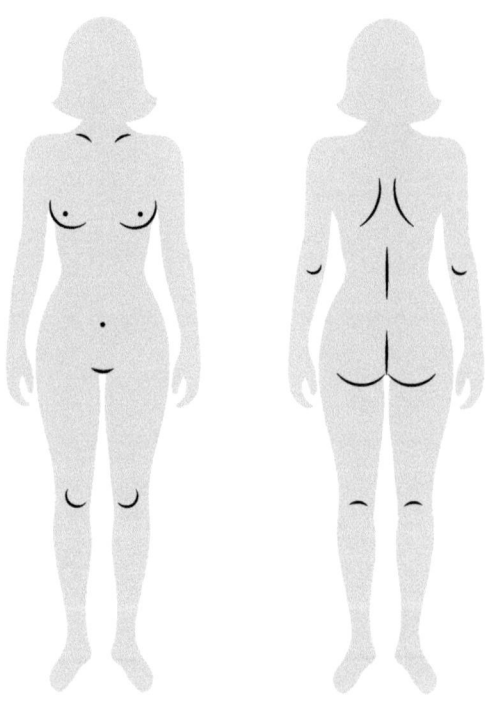

LOCALISATION 1:

INTENSITÉ DE LA DOULEUR (1 À10) :

DESCRIPTION DE LA DOULEUR:

DURÉES DES SYMPTÔMES:

FACTEURS DÉCLANCHANTS:

AUTRES OBSERVATIONS:

LOCALISATION 2:

INTENSITÉ DE LA DOULEUR (1 À10) :

DESCRIPTION DE LA DOULEUR:

DURÉES DES SYMPTÔMES:

FACTEURS DÉCLANCHANTS:

AUTRES OBSERVATIONS:

Suivi des symptômes

DATE :   HEURE:

LOCALISATION 3:
INTENSITÉ DE LA DOULEUR (1 À10) :
DESCRIPTION DE LA DOULEUR:
DURÉES DES SYMPTÔMES:
FACTEURS DÉCLANCHANTS:
AUTRES OBSERVATIONS:

LOCALISATION 4:
INTENSITÉ DE LA DOULEUR (1 À10) :
DESCRIPTION DE LA DOULEUR:
DURÉES DES SYMPTÔMES:
FACTEURS DÉCLANCHANTS:
AUTRES OBSERVATIONS:

LOCALISATION 5:
INTENSITÉ DE LA DOULEUR (1 À10) :
DESCRIPTION DE LA DOULEUR:
DURÉES DES SYMPTÔMES:
FACTEURS DÉCLANCHANTS:
AUTRES OBSERVATIONS:

LOCALISATION 6:
INTENSITÉ DE LA DOULEUR (1 À10) :
DESCRIPTION DE LA DOULEUR:
DURÉES DES SYMPTÔMES:
FACTEURS DÉCLANCHANTS:
AUTRES OBSERVATIONS:

LOCALISATION 7:
INTENSITÉ DE LA DOULEUR (1 À10) :
DESCRIPTION DE LA DOULEUR:
DURÉES DES SYMPTÔMES:
FACTEURS DÉCLANCHANTS:
AUTRES OBSERVATIONS:

LOCALISATION 8:
INTENSITÉ DE LA DOULEUR (1 À10) :
DESCRIPTION DE LA DOULEUR:
DURÉES DES SYMPTÔMES:
FACTEURS DÉCLANCHANTS:
AUTRES OBSERVATIONS:

Suivi des symptômes

DATE :   HEURE:

NOTES::

NOTES:

NOTES:

Semaine

DATE : _____ HEURE: _____

OBJECTIFS DE MA SEMAINE: _____
_____
_____
_____

PRIORITÉES: _____
_____
_____
_____

ACTIVITÉS PRÉVUES: _____
_____
_____
_____
_____

Activités Physiques

DATE :   HEURE:

ACTIVITÉES PHYSIQUES :

COMMENT JE ME SUIS SENTI(E) PENDANT L'ACTIVITÉ :

COMMENT JE ME SENS APRÈS:

Alimentation du jour

DATE :   HEURE:

REPAS DU MATIN

REPAS DU MIDI

REPAS DU SOIR

ENCAS

Les Aliments

DATE :   HEURE :

ALIMENTS À PRÉVILÉGIER :

ALIMENTS À ÉVITER :

ALIMENTS EN FAIBLE QUANTITÉ :

Suivi Alimentation & Symptômes

DATE :

Symtômes

Alimentation	Ballonnement	Douleurs	Nausées	Fatigue	Ventre Gonflé	Constipation	Diarrhée
_____	○	○	○	○	○	○	○
_____	○	○	○	○	○	○	○
_____	○	○	○	○	○	○	○
_____	○	○	○	○	○	○	○
_____	○	○	○	○	○	○	○
_____	○	○	○	○	○	○	○
_____	○	○	○	○	○	○	○
_____	○	○	○	○	○	○	○
_____	○	○	○	○	○	○	○

NOTES:

Ma Routine Du Jour

Matin

	LUN	MAR	MER	JEU	VEN	SAM	DIM
_____	○	○	○	○	○	○	○
_____	○	○	○	○	○	○	○
_____	○	○	○	○	○	○	○
_____	○	○	○	○	○	○	○
_____	○	○	○	○	○	○	○

Après-Midi

	LUN	MAR	MER	JEU	VEN	SAM	DIM
_____	○	○	○	○	○	○	○
_____	○	○	○	○	○	○	○
_____	○	○	○	○	○	○	○
_____	○	○	○	○	○	○	○
_____	○	○	○	○	○	○	○

Soirée

	LUN	MAR	MER	JEU	VEN	SAM	DIM
_____	○	○	○	○	○	○	○
_____	○	○	○	○	○	○	○
_____	○	○	○	○	○	○	○
_____	○	○	○	○	○	○	○
_____	○	○	○	○	○	○	○

MÉTÉO DU JOUR

DATE: /   /

1. AUJOURD'HUI, JE SUIS RECONNAISSANTE DE:

2. ....

3. ....

....

MOOD DU JOUR

😠 ANGRY   😐 TIRED   ☹️ SAD   🙂 HAPPY   😂 EXCITED

COMMENT TU TE SENS AUJOURD'HUI?

....
....
....
....
....

NOTES

....
....
....
....

AFFIRMATION DU JOUR

....
....
....
....

JOURNAL DU JOUR

DATE: /   /

ENERGIE: /10

STRESS: /10

APPÉTIT: /10

DIGESTION: /10

MÉDICAMENTS

QUALITÉ DU SOMMEIL

HEURES DE SOMMEIL :

HYDRATATION

ACTIVITÉES DE LA JOURNÉE

ACTIVITÉ PHYSIQUE

JOURNAL DU JOUR

DATE: /   /

QUELLE PETITE VICTOIRE AI-JE ACCOMPLIE AUJOURD'HUI?

....
....
....

MOMENT HEUREUX DE LA JOURNÉE

....
....
....
....

COMMENT ADAPTER MA JOURNÉE

....
....
....
....
....

MES PENSÉES DU JOUR

DATE: /   /

BOCAL DES PENSÉES POSITIVES

5 MINUTES DE JOURNALING

Suivi des symptômes

DATE :   HEURE:

UTILISEZ LE SCHÉMA CI-DESSOUS POUR LOCALISER VOS DOULEURS :

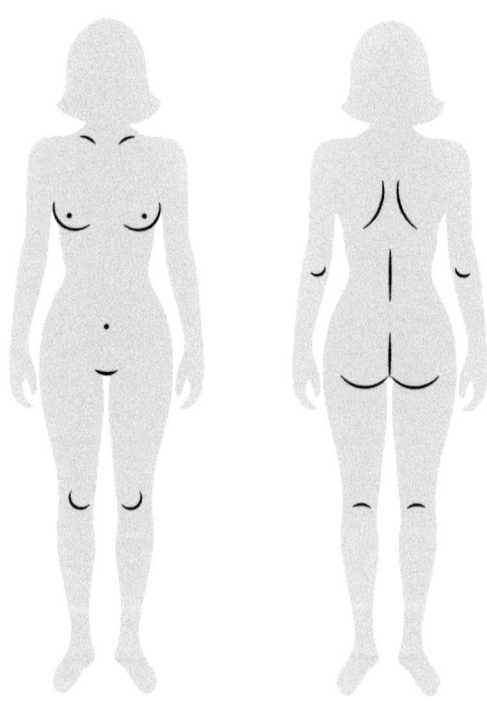

LOCALISATION 1:

INTENSITÉ DE LA DOULEUR (1 À10) :

DESCRIPTION DE LA DOULEUR:

DURÉES DES SYMPTÔMES:

FACTEURS DÉCLANCHANTS:

AUTRES OBSERVATIONS:

LOCALISATION 2:

INTENSITÉ DE LA DOULEUR (1 À10) :

DESCRIPTION DE LA DOULEUR:

DURÉES DES SYMPTÔMES:

FACTEURS DÉCLANCHANTS:

AUTRES OBSERVATIONS:

Suivi des symptômes

DATE :   HEURE:

LOCALISATION 3:
INTENSITÉ DE LA DOULEUR (1 À10) :
DESCRIPTION DE LA DOULEUR:
DURÉES DES SYMPTÔMES:
FACTEURS DÉCLANCHANTS:
AUTRES OBSERVATIONS:

LOCALISATION 4:
INTENSITÉ DE LA DOULEUR (1 À10) :
DESCRIPTION DE LA DOULEUR:
DURÉES DES SYMPTÔMES:
FACTEURS DÉCLANCHANTS:
AUTRES OBSERVATIONS:

LOCALISATION 5:
INTENSITÉ DE LA DOULEUR (1 À10) :
DESCRIPTION DE LA DOULEUR:
DURÉES DES SYMPTÔMES:
FACTEURS DÉCLANCHANTS:
AUTRES OBSERVATIONS:

LOCALISATION 6:
INTENSITÉ DE LA DOULEUR (1 À10) :
DESCRIPTION DE LA DOULEUR:
DURÉES DES SYMPTÔMES:
FACTEURS DÉCLANCHANTS:
AUTRES OBSERVATIONS:

LOCALISATION 7:
INTENSITÉ DE LA DOULEUR (1 À10) :
DESCRIPTION DE LA DOULEUR:
DURÉES DES SYMPTÔMES:
FACTEURS DÉCLANCHANTS:
AUTRES OBSERVATIONS:

LOCALISATION 8:
INTENSITÉ DE LA DOULEUR (1 À10) :
DESCRIPTION DE LA DOULEUR:
DURÉES DES SYMPTÔMES:
FACTEURS DÉCLANCHANTS:
AUTRES OBSERVATIONS:

SUIVI DES SYMPTÔMES

DATE :   HEURE:

NOTES::

NOTES:

NOTES:

Semaine

DATE :   HEURE:

OBJECTIFS DE MA SEMAINE:

PRIORITÉES:

ACTIVITÉS PRÉVUES:

Activités Physiques

DATE :　　　　　　　　　　HEURE:

ACTIVITÉES PHYSIQUES :

COMMENT JE ME SUIS SENTI(E) PENDANT L'ACTIVITÉ :

COMMENT JE ME SENS APRÈS:

Alimentation du jour

DATE :   HEURE:

REPAS DU MATIN

REPAS DU MIDI

REPAS DU SOIR

ENCAS

Les Aliments

DATE :   HEURE:

ALIMENTS À PRÉVILÉGIER:

ALIMENTS À ÉVITER:

ALIMENTS EN FAIBLE QUANTITÉ :

Suivi Alimentation & Symptômes

DATE :

Symtômes

Alimentation	Ballonnement	Douleurs	Nausées	Fatigue	Ventre Gonflé	Constipation	Diarrhée
_____	○	○	○	○	○	○	○
_____	○	○	○	○	○	○	○
_____	○	○	○	○	○	○	○
_____	○	○	○	○	○	○	○
_____	○	○	○	○	○	○	○
_____	○	○	○	○	○	○	○
_____	○	○	○	○	○	○	○
_____	○	○	○	○	○	○	○
_____	○	○	○	○	○	○	○

NOTES :

Ma Routine Du Jour

Matin

	LUN	MAR	MER	JEU	VEN	SAM	DIM
_____	○	○	○	○	○	○	○
_____	○	○	○	○	○	○	○
_____	○	○	○	○	○	○	○
_____	○	○	○	○	○	○	○
_____	○	○	○	○	○	○	○

Après-Midi

	LUN	MAR	MER	JEU	VEN	SAM	DIM
_____	○	○	○	○	○	○	○
_____	○	○	○	○	○	○	○
_____	○	○	○	○	○	○	○
_____	○	○	○	○	○	○	○
_____	○	○	○	○	○	○	○

Soirée

	LUN	MAR	MER	JEU	VEN	SAM	DIM
_____	○	○	○	○	○	○	○
_____	○	○	○	○	○	○	○
_____	○	○	○	○	○	○	○
_____	○	○	○	○	○	○	○
_____	○	○	○	○	○	○	○

MÉTÉO DU JOUR

DATE: /   /

1. AUJOURD'HUI, JE SUIS RECONNAISSANTE DE:
2.
3.

COMMENT TU TE SENS AUJOURD'HUI?

MOOD DU JOUR

☹ ANGRY   😐 TIRED   ☹ SAD   🙂 HAPPY   😆 EXCITED

NOTES

AFFIRMATION DU JOUR

JOURNAL DU JOUR

DATE: /   /

ENERGIE: /10

STRESS: /10

APPÉTIT: /10

DIGESTION: /10

MÉDICAMENTS

QUALITÉ DU SOMMEIL

HEURES DE SOMMEIL :

HYDRATATION

ACTIVITÉES DE LA JOURNÉE

ACTIVITÉ PHYSIQUE

JOURNAL DU JOUR

DATE: /   /

QUELLE PETITE VICTOIRE AI-JE ACCOMPLIE AUJOURD'HUI?

....
....
....

MOMENT HEUREUX DE LA JOURNÉE

....
....
....
....

COMMENT ADAPTER MA JOURNÉE

....
....
....
....

MES PENSÉES DU JOUR

DATE: /   /

BOCAL DES PENSÉES POSITIVES

5 MINUTES DE JOURNALING

SUIVI DES SYMPTÔMES

DATE :   HEURE:

UTILISEZ LE SCHÉMA CI-DESSOUS POUR LOCALISER VOS DOULEURS :

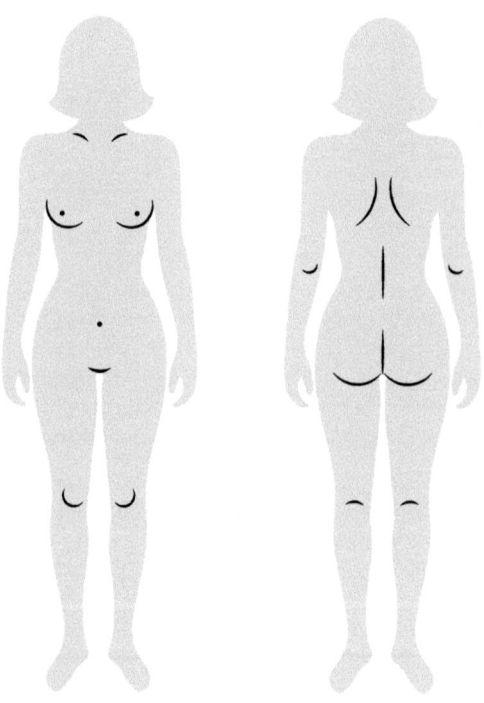

LOCALISATION 1:   LOCALISATION 2:

INTENSITÉ DE LA DOULEUR (1 À10) :   INTENSITÉ DE LA DOULEUR (1 À10) :

DESCRIPTION DE LA DOULEUR: DESCRIPTION DE LA DOULEUR:

DURÉES DES SYMPTÔMES: DURÉES DES SYMPTÔMES:

FACTEURS DÉCLANCHANTS: FACTEURS DÉCLANCHANTS:

AUTRES OBSERVATIONS: AUTRES OBSERVATIONS:

Suivi des symptômes

DATE : _____ HEURE: _____

LOCALISATION 3: _____
INTENSITÉ DE LA DOULEUR (1 À10) : _____
DESCRIPTION DE LA DOULEUR: _____
DURÉES DES SYMPTÔMES: _____
FACTEURS DÉCLANCHANTS: _____
AUTRES OBSERVATIONS: _____

LOCALISATION 4: _____
INTENSITÉ DE LA DOULEUR (1 À10) : _____
DESCRIPTION DE LA DOULEUR: _____
DURÉES DES SYMPTÔMES: _____
FACTEURS DÉCLANCHANTS: _____
AUTRES OBSERVATIONS: _____

LOCALISATION 5: _____
INTENSITÉ DE LA DOULEUR (1 À10) : _____
DESCRIPTION DE LA DOULEUR: _____
DURÉES DES SYMPTÔMES: _____
FACTEURS DÉCLANCHANTS: _____
AUTRES OBSERVATIONS: _____

LOCALISATION 6: _____
INTENSITÉ DE LA DOULEUR (1 À10) : _____
DESCRIPTION DE LA DOULEUR: _____
DURÉES DES SYMPTÔMES: _____
FACTEURS DÉCLANCHANTS: _____
AUTRES OBSERVATIONS: _____

LOCALISATION 7: _____
INTENSITÉ DE LA DOULEUR (1 À10) : _____
DESCRIPTION DE LA DOULEUR: _____
DURÉES DES SYMPTÔMES: _____
FACTEURS DÉCLANCHANTS: _____
AUTRES OBSERVATIONS: _____

LOCALISATION 8: _____
INTENSITÉ DE LA DOULEUR (1 À10) : _____
DESCRIPTION DE LA DOULEUR: _____
DURÉES DES SYMPTÔMES: _____
FACTEURS DÉCLANCHANTS: _____
AUTRES OBSERVATIONS: _____

Suivi des symptômes

DATE :   HEURE:

NOTES::

NOTES:

NOTES:

Semaine

DATE :				HEURE:

OBJECTIFS DE MA SEMAINE:

PRIORITÉES:

ACTIVITÉS PRÉVUES:

Activités Physiques

DATE :					HEURE:

ACTIVITÉES PHYSIQUES :

COMMENT JE ME SUIS SENTI(E) PENDANT L'ACTIVITÉ :

COMMENT JE ME SENS APRÈS:

Alimentation du jour

DATE : HEURE:

REPAS DU MATIN

REPAS DU MIDI

REPAS DU SOIR

ENCAS

Les Aliments

DATE : _____ HEURE: _____

ALIMENTS À PRÉVILÉGIER:
_____
_____
_____
_____

ALIMENTS À ÉVITER:
_____
_____
_____
_____

ALIMENTS EN FAIBLE QUANTITÉ :
_____
_____
_____
_____

Suivi Alimentation & Symptômes

DATE :

Symtômes

Alimentation	Ballonnement	Douleurs	Nausées	Fatigue	Ventre Gonflé	Constipation	Diarrhée
_____	○	○	○	○	○	○	○
_____	○	○	○	○	○	○	○
_____	○	○	○	○	○	○	○
_____	○	○	○	○	○	○	○
_____	○	○	○	○	○	○	○
_____	○	○	○	○	○	○	○
_____	○	○	○	○	○	○	○
_____	○	○	○	○	○	○	○
_____	○	○	○	○	○	○	○

NOTES:

Ma Routine Du Jour

Matin

	LUN	MAR	MER	JEU	VEN	SAM	DIM
_____	○	○	○	○	○	○	○
_____	○	○	○	○	○	○	○
_____	○	○	○	○	○	○	○
_____	○	○	○	○	○	○	○
_____	○	○	○	○	○	○	○

Après-Midi

	LUN	MAR	MER	JEU	VEN	SAM	DIM
_____	○	○	○	○	○	○	○
_____	○	○	○	○	○	○	○
_____	○	○	○	○	○	○	○
_____	○	○	○	○	○	○	○
_____	○	○	○	○	○	○	○

Soirée

	LUN	MAR	MER	JEU	VEN	SAM	DIM
_____	○	○	○	○	○	○	○
_____	○	○	○	○	○	○	○
_____	○	○	○	○	○	○	○
_____	○	○	○	○	○	○	○
_____	○	○	○	○	○	○	○

MÉTÉO DU JOUR

DATE: /   /

¹AUJOURD'HUI, JE SUIS RECONNAISSANTE DE:

2.

3.

MOOD DU JOUR

ANGRY   TIRED   SAD   HAPPY   EXCITED

COMMENT TU TE SENS AUJOURD'HUI?

NOTES

AFFIRMATION DU JOUR

JOURNAL DU JOUR

DATE: /   /

ENERGIE: /10

STRESS: /10

APPÉTIT: /10

DIGESTION: /10

MÉDICAMENTS

QUALITÉ DU SOMMEIL

HEURES DE SOMMEIL :

HYDRATATION

ACTIVITÉES DE LA JOURNÉE

ACTIVITÉ PHYSIQUE

JOURNAL DU JOUR

DATE: /   /

QUELLE PETITE VICTOIRE AI-JE ACCOMPLIE AUJOURD'HUI?

....

....

....

MOMENT HEUREUX DE LA JOURNÉE

....

....

....

....

COMMENT ADAPTER MA JOURNÉE

....

....

....

....

MES PENSÉES DU JOUR

DATE: / /

BOCAL DES PENSÉES POSITIVES

5 MINUTES DE JOURNALING

Suivi des symptômes

DATE :   HEURE:

UTILISEZ LE SCHÉMA CI-DESSOUS POUR LOCALISER VOS DOULEURS :

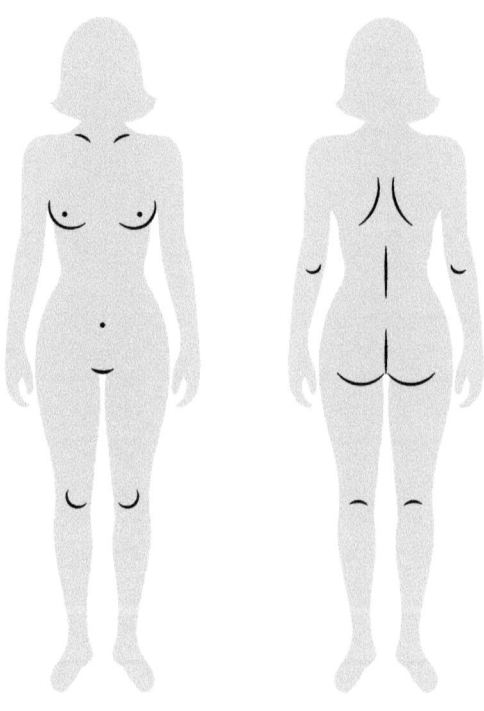

LOCALISATION 1:   LOCALISATION 2:
INTENSITÉ DE LA DOULEUR (1 À10) :   INTENSITÉ DE LA DOULEUR (1 À10) :
DESCRIPTION DE LA DOULEUR: DESCRIPTION DE LA DOULEUR:
DURÉES DES SYMPTÔMES: DURÉES DES SYMPTÔMES:
FACTEURS DÉCLANCHANTS: FACTEURS DÉCLANCHANTS:
AUTRES OBSERVATIONS: AUTRES OBSERVATIONS:

SUIVI DES SYMPTÔMES

DATE :   HEURE:

LOCALISATION 3:
INTENSITÉ DE LA DOULEUR (1 À10) :
DESCRIPTION DE LA DOULEUR:
DURÉES DES SYMPTÔMES:
FACTEURS DÉCLANCHANTS:
AUTRES OBSERVATIONS:

LOCALISATION 4:
INTENSITÉ DE LA DOULEUR (1 À10) :
DESCRIPTION DE LA DOULEUR:
DURÉES DES SYMPTÔMES:
FACTEURS DÉCLANCHANTS:
AUTRES OBSERVATIONS:

LOCALISATION 5:
INTENSITÉ DE LA DOULEUR (1 À10) :
DESCRIPTION DE LA DOULEUR:
DURÉES DES SYMPTÔMES:
FACTEURS DÉCLANCHANTS:
AUTRES OBSERVATIONS:

LOCALISATION 6:
INTENSITÉ DE LA DOULEUR (1 À10) :
DESCRIPTION DE LA DOULEUR:
DURÉES DES SYMPTÔMES:
FACTEURS DÉCLANCHANTS:
AUTRES OBSERVATIONS:

LOCALISATION 7:
INTENSITÉ DE LA DOULEUR (1 À10) :
DESCRIPTION DE LA DOULEUR:
DURÉES DES SYMPTÔMES:
FACTEURS DÉCLANCHANTS:
AUTRES OBSERVATIONS:

LOCALISATION 8:
INTENSITÉ DE LA DOULEUR (1 À10) :
DESCRIPTION DE LA DOULEUR:
DURÉES DES SYMPTÔMES:
FACTEURS DÉCLANCHANTS:
AUTRES OBSERVATIONS:

Suivi des symptômes

DATE :   HEURE:

NOTES::

NOTES:

NOTES:

SEMAINE

DATE :	HEURE:

OBJECTIFS DE MA SEMAINE:

PRIORITÉES:

ACTIVITÉS PRÉVUES:

Activités Physiques

DATE :   HEURE :

ACTIVITÉES PHYSIQUES :

COMMENT JE ME SUIS SENTI(E) PENDANT L'ACTIVITÉ :

COMMENT JE ME SENS APRÈS :

Alimentation du jour

DATE :					HEURE:

REPAS DU MATIN

REPAS DU MIDI

REPAS DU SOIR

ENCAS

Les Aliments

DATE :   HEURE:

ALIMENTS À PRÉVILÉGIER:

ALIMENTS À ÉVITER:

ALIMENTS EN FAIBLE QUANTITÉ :

Suivi Alimentation & Symptômes

DATE :

Symtômes

Alimentation	Ballonnement	Douleurs	Nausées	Fatigue	Ventre Gonflé	Constipation	Diarrhée
_____	○	○	○	○	○	○	○
_____	○	○	○	○	○	○	○
_____	○	○	○	○	○	○	○
_____	○	○	○	○	○	○	○
_____	○	○	○	○	○	○	○
_____	○	○	○	○	○	○	○
_____	○	○	○	○	○	○	○
_____	○	○	○	○	○	○	○
_____	○	○	○	○	○	○	○

NOTES:

Ma Routine Du Jour

Matin

	LUN	MAR	MER	JEU	VEN	SAM	DIM
___	○	○	○	○	○	○	○
___	○	○	○	○	○	○	○
___	○	○	○	○	○	○	○
___	○	○	○	○	○	○	○
___	○	○	○	○	○	○	○

Après-Midi

	LUN	MAR	MER	JEU	VEN	SAM	DIM
___	○	○	○	○	○	○	○
___	○	○	○	○	○	○	○
___	○	○	○	○	○	○	○
___	○	○	○	○	○	○	○
___	○	○	○	○	○	○	○

Soirée

	LUN	MAR	MER	JEU	VEN	SAM	DIM
___	○	○	○	○	○	○	○
___	○	○	○	○	○	○	○
___	○	○	○	○	○	○	○
___	○	○	○	○	○	○	○
___	○	○	○	○	○	○	○

MÉTÉO DU JOUR

DATE: /   /

1. AUJOURD'HUI, JE SUIS RECONNAISSANTE DE:

2. ....

3. ....
....

MOOD DU JOUR

😠 ANGRY   😫 TIRED   ☹️ SAD   🙂 HAPPY   😂 EXCITED

COMMENT TU TE SENS AUJOURD'HUI?

NOTES

AFFIRMATION DU JOUR

JOURNAL DU JOUR

DATE: /   /

ENERGIE: /10

STRESS: /10

APPÉTIT: /10

DIGESTION: /10

MÉDICAMENTS

QUALITÉ DU SOMMEIL

HEURES DE SOMMEIL :

HYDRATATION

ACTIVITÉES DE LA JOURNÉE

ACTIVITÉ PHYSIQUE

JOURNAL DU JOUR

DATE: /   /

QUELLE PETITE VICTOIRE AI-JE ACCOMPLIE AUJOURD'HUI?

....

....

....

MOMENT HEUREUX DE LA JOURNÉE

....

....

....

....

....

COMMENT ADAPTER MA JOURNÉE

....

....

....

....

....

MES PENSÉES DU JOUR

DATE: /   /

BOCAL DES PENSÉES POSITIVES

5 MINUTES DE JOURNALING

Suivi des symptômes

DATE :   HEURE:

UTILISEZ LE SCHÉMA CI-DESSOUS POUR LOCALISER VOS DOULEURS :

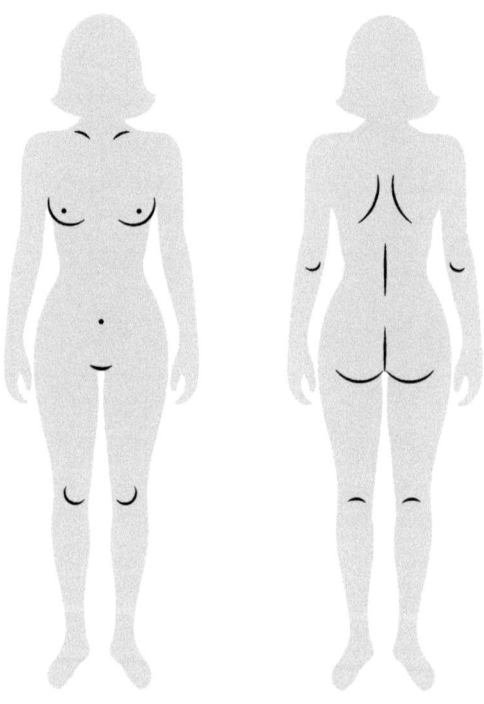

LOCALISATION 1:

INTENSITÉ DE LA DOULEUR (1 À10) :

DESCRIPTION DE LA DOULEUR:

DURÉES DES SYMPTÔMES:

FACTEURS DÉCLANCHANTS:

AUTRES OBSERVATIONS:

LOCALISATION 2:

INTENSITÉ DE LA DOULEUR (1 À10) :

DESCRIPTION DE LA DOULEUR:

DURÉES DES SYMPTÔMES:

FACTEURS DÉCLANCHANTS:

AUTRES OBSERVATIONS:

SUIVI DES SYMPTÔMES

DATE :   HEURE:

LOCALISATION 3:   LOCALISATION 4:
INTENSITÉ DE LA DOULEUR (1 À10) :   INTENSITÉ DE LA DOULEUR (1 À10) :
DESCRIPTION DE LA DOULEUR: DESCRIPTION DE LA DOULEUR:
DURÉES DES SYMPTÔMES: DURÉES DES SYMPTÔMES:
FACTEURS DÉCLANCHANTS: FACTEURS DÉCLANCHANTS:
AUTRES OBSERVATIONS: AUTRES OBSERVATIONS:

LOCALISATION 5:   LOCALISATION 6:
INTENSITÉ DE LA DOULEUR (1 À10) :   INTENSITÉ DE LA DOULEUR (1 À10) :
DESCRIPTION DE LA DOULEUR: DESCRIPTION DE LA DOULEUR:
DURÉES DES SYMPTÔMES: DURÉES DES SYMPTÔMES:
FACTEURS DÉCLANCHANTS: FACTEURS DÉCLANCHANTS:
AUTRES OBSERVATIONS: AUTRES OBSERVATIONS:

LOCALISATION 7:   LOCALISATION 8:
INTENSITÉ DE LA DOULEUR (1 À10) :   INTENSITÉ DE LA DOULEUR (1 À10) :
DESCRIPTION DE LA DOULEUR: DESCRIPTION DE LA DOULEUR:
DURÉES DES SYMPTÔMES: DURÉES DES SYMPTÔMES:
FACTEURS DÉCLANCHANTS: FACTEURS DÉCLANCHANTS:
AUTRES OBSERVATIONS: AUTRES OBSERVATIONS:

Suivi des symptômes

DATE :   HEURE:

NOTES::

NOTES:

NOTES:

SEMAINE

DATE : HEURE:

OBJECTIFS DE MA SEMAINE:

PRIORITÉES:

ACTIVITÉS PRÉVUES.

Activités Physiques

DATE :   HEURE:

ACTIVITÉES PHYSIQUES :

COMMENT JE ME SUIS SENTI(E) PENDANT L'ACTIVITÉ :

COMMENT JE ME SENS APRÈS:

Alimentation du jour

DATE :   HEURE:

REPAS DU MATIN

REPAS DU MIDI

REPAS DU SOIR

ENCAS

Les Aliments

DATE :   HEURE:
_____

ALIMENTS À PRÉVILÉGIER:
_____
_____
_____
_____

ALIMENTS À ÉVITER:
_____
_____
_____
_____

ALIMENTS EN FAIBLE QUANTITÉ :
_____
_____
_____
_____

Suivi Alimentation & Symptômes

DATE :

Symtômes

Alimentation	Ballonnement	Douleurs	Nausées	Fatigue	Ventre Gonflé	Constipation	Diarrhée
_____	○	○	○	○	○	○	○
_____	○	○	○	○	○	○	○
_____	○	○	○	○	○	○	○
_____	○	○	○	○	○	○	○
_____	○	○	○	○	○	○	○
_____	○	○	○	○	○	○	○
_____	○	○	○	○	○	○	○
_____	○	○	○	○	○	○	○
_____	○	○	○	○	○	○	○

NOTES :

Ma Routine Du Jour

Matin

	LUN	MAR	MER	JEU	VEN	SAM	DIM
_____	○	○	○	○	○	○	○
_____	○	○	○	○	○	○	○
_____	○	○	○	○	○	○	○
_____	○	○	○	○	○	○	○
_____	○	○	○	○	○	○	○

Après-Midi

	LUN	MAR	MER	JEU	VEN	SAM	DIM
_____	○	○	○	○	○	○	○
_____	○	○	○	○	○	○	○
_____	○	○	○	○	○	○	○
_____	○	○	○	○	○	○	○
_____	○	○	○	○	○	○	○

Soirée

	LUN	MAR	MER	JEU	VEN	SAM	DIM
_____	○	○	○	○	○	○	○
_____	○	○	○	○	○	○	○
_____	○	○	○	○	○	○	○
_____	○	○	○	○	○	○	○
_____	○	○	○	○	○	○	○

Planning semaine

DATE :

LUNDI	MARDI	MERCREDI

JEUDI	VENDREDI	SAMEDI

DIMANCHE

NOTES:

MÉTÉO DU JOUR

DATE: /   /

1. AUJOURD'HUI, JE SUIS RECONNAISSANTE DE:

2.

3.

COMMENT TU TE SENS AUJOURD'HUI?

MOOD DU JOUR

ANGRY   TIRED   SAD   HAPPY   EXCITED

NOTES

AFFIRMATION DU JOUR

JOURNAL DU JOUR

DATE: /   /

ENERGIE: /10

STRESS: /10

APPÉTIT: /10

DIGESTION: /10

MÉDICAMENTS

HYDRATATION

QUALITÉ DU SOMMEIL

HEURES DE SOMMEIL :

ACTIVITÉES DE LA JOURNÉE

ACTIVITÉ PHYSIQUE

JOURNAL DU JOUR

DATE: /   /

QUELLE PETITE VICTOIRE AI-JE ACCOMPLIE AUJOURD'HUI?

....
....
....

MOMENT HEUREUX DE LA JOURNÉE

....
....
....
....
....

COMMENT ADAPTER MA JOURNÉE

....
....
....
....
....

MES PENSÉES DU JOUR

DATE: /   /

BOCAL DES PENSÉES POSITIVES

5 MINUTES DE JOURNALING

Suivi des symptômes

DATE :   HEURE:

UTILISEZ LE SCHÉMA CI-DESSOUS POUR LOCALISER VOS DOULEURS :

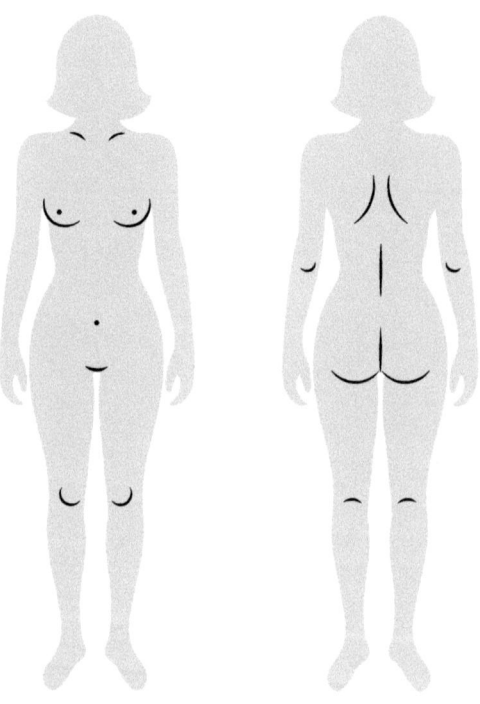

LOCALISATION 1:

INTENSITÉ DE LA DOULEUR (1 À10) :

DESCRIPTION DE LA DOULEUR:

DURÉES DES SYMPTÔMES:

FACTEURS DÉCLANCHANTS:

AUTRES OBSERVATIONS:

LOCALISATION 2:

INTENSITÉ DE LA DOULEUR (1 À10) :

DESCRIPTION DE LA DOULEUR:

DURÉES DES SYMPTÔMES:

FACTEURS DÉCLANCHANTS:

AUTRES OBSERVATIONS:

Suivi des symptômes

DATE :   HEURE:

LOCALISATION 3:
INTENSITÉ DE LA DOULEUR (1 À10) :
DESCRIPTION DE LA DOULEUR:
DURÉES DES SYMPTÔMES:
FACTEURS DÉCLANCHANTS:
AUTRES OBSERVATIONS:

LOCALISATION 4:
INTENSITÉ DE LA DOULEUR (1 À10) :
DESCRIPTION DE LA DOULEUR:
DURÉES DES SYMPTÔMES:
FACTEURS DÉCLANCHANTS:
AUTRES OBSERVATIONS:

LOCALISATION 5:
INTENSITÉ DE LA DOULEUR (1 À10) :
DESCRIPTION DE LA DOULEUR:
DURÉES DES SYMPTÔMES:
FACTEURS DÉCLANCHANTS:
AUTRES OBSERVATIONS:

LOCALISATION 6:
INTENSITÉ DE LA DOULEUR (1 À10) :
DESCRIPTION DE LA DOULEUR:
DURÉES DES SYMPTÔMES:
FACTEURS DÉCLANCHANTS:
AUTRES OBSERVATIONS:

LOCALISATION 7:
INTENSITÉ DE LA DOULEUR (1 À10) :
DESCRIPTION DE LA DOULEUR:
DURÉES DES SYMPTÔMES:
FACTEURS DÉCLANCHANTS:
AUTRES OBSERVATIONS:

LOCALISATION 8:
INTENSITÉ DE LA DOULEUR (1 À10) :
DESCRIPTION DE LA DOULEUR:
DURÉES DES SYMPTÔMES:
FACTEURS DÉCLANCHANTS:
AUTRES OBSERVATIONS:

Suivi des symptômes

DATE :   HEURE:

NOTES::

NOTES:

NOTES:

Semaine

DATE :   HEURE:
_____   _____

OBJECTIFS DE MA SEMAINE:
_____
_____
_____
_____

PRIORITÉES:
_____
_____
_____
_____

ACTIVITÉS PRÉVUES:
_____
_____
_____
_____

Activités Physiques

DATE :   HEURE:

ACTIVITÉES PHYSIQUES :

COMMENT JE ME SUIS SENTI(E) PENDANT L'ACTIVITÉ :

COMMENT JE ME SENS APRÈS:

Alimentation du jour

DATE :   HEURE:

REPAS DU MATIN

REPAS DU MIDI

REPAS DU SOIR

ENCAS

Les Aliments

DATE :   HEURE:
_____

ALIMENTS À PRÉVILÉGIER:
_____
_____
_____
_____

ALIMENTS À ÉVITER:
_____
_____
_____
_____

ALIMENTS EN FAIBLE QUANTITÉ :
_____
_____
_____
_____

Suivi Alimentation & Symptômes

DATE :

Symtômes

Alimentation	Ballonnement	Douleurs	Nausées	Fatigue	Ventre Gonflé	Constipation	Diarrhée
_____	○	○	○	○	○	○	○
_____	○	○	○	○	○	○	○
_____	○	○	○	○	○	○	○
_____	○	○	○	○	○	○	○
_____	○	○	○	○	○	○	○
_____	○	○	○	○	○	○	○
_____	○	○	○	○	○	○	○
_____	○	○	○	○	○	○	○
_____	○	○	○	○	○	○	○

NOTES :

Ma Routine Du Jour

Matin

	LUN	MAR	MER	JEU	VEN	SAM	DIM
_____	○	○	○	○	○	○	○
_____	○	○	○	○	○	○	○
_____	○	○	○	○	○	○	○
_____	○	○	○	○	○	○	○
_____	○	○	○	○	○	○	○

Après-Midi

	LUN	MAR	MER	JEU	VEN	SAM	DIM
_____	○	○	○	○	○	○	○
_____	○	○	○	○	○	○	○
_____	○	○	○	○	○	○	○
_____	○	○	○	○	○	○	○
_____	○	○	○	○	○	○	○

Soirée

	LUN	MAR	MER	JEU	VEN	SAM	DIM
_____	○	○	○	○	○	○	○
_____	○	○	○	○	○	○	○
_____	○	○	○	○	○	○	○
_____	○	○	○	○	○	○	○
_____	○	○	○	○	○	○	○

MÉTÉO DU JOUR

DATE: /   /

1. AUJOURD'HUI, JE SUIS RECONNAISSANTE DE:

2.

3.

MOOD DU JOUR

😠 ANGRY   😫 TIRED   ☹️ SAD   🙂 HAPPY   😆 EXCITED

COMMENT TU TE SENS AUJOURD'HUI?

NOTES

AFFIRMATION DU JOUR

JOURNAL DU JOUR

DATE: /   /

ENERGIE: /10

STRESS: /10

APPÉTIT: /10

DIGESTION: /10

MÉDICAMENTS

QUALITÉ DU SOMMEIL

HEURES DE SOMMEIL :

HYDRATATION

ACTIVITÉES DE LA JOURNÉE

ACTIVITÉ PHYSIQUE

JOURNAL DU JOUR

DATE: /   /

QUELLE PETITE VICTOIRE AI-JE ACCOMPLIE AUJOURD'HUI?

....
....
....

MOMENT HEUREUX DE LA JOURNÉE

....
....
....
....
....

COMMENT ADAPTER MA JOURNÉE

....
....
....
....
....

MES PENSÉES DU JOUR

DATE: /   /

BOCAL DES PENSÉES POSITIVES

5 MINUTES DE JOURNALING

Suivi des symptômes

DATE :   HEURE:

UTILISEZ LE SCHÉMA CI-DESSOUS POUR LOCALISER VOS DOULEURS :

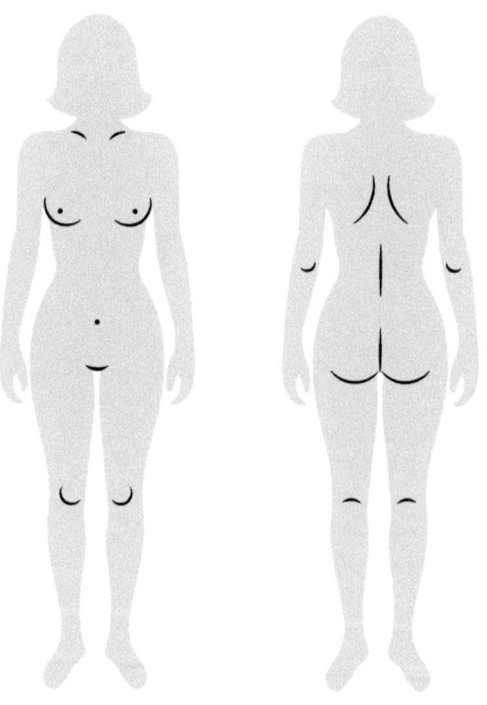

LOCALISATION 1:

INTENSITÉ DE LA DOULEUR (1 À10) :

DESCRIPTION DE LA DOULEUR:

DURÉES DES SYMPTÔMES:

FACTEURS DÉCLANCHANTS:

AUTRES OBSERVATIONS:

LOCALISATION 2:

INTENSITÉ DE LA DOULEUR (1 À10) :

DESCRIPTION DE LA DOULEUR:

DURÉES DES SYMPTÔMES:

FACTEURS DÉCLANCHANTS:

AUTRES OBSERVATIONS:

Suivi des symptômes

DATE :   HEURE:

LOCALISATION 3:   LOCALISATION 4:
INTENSITÉ DE LA DOULEUR (1 À10) :   INTENSITÉ DE LA DOULEUR (1 À10) :
DESCRIPTION DE LA DOULEUR: DESCRIPTION DE LA DOULEUR:
DURÉES DES SYMPTÔMES: DURÉES DES SYMPTÔMES:
FACTEURS DÉCLANCHANTS: FACTEURS DÉCLANCHANTS:
AUTRES OBSERVATIONS: AUTRES OBSERVATIONS:

LOCALISATION 5:   LOCALISATION 6:
INTENSITÉ DE LA DOULEUR (1 À10) :   INTENSITÉ DE LA DOULEUR (1 À10) :
DESCRIPTION DE LA DOULEUR: DESCRIPTION DE LA DOULEUR:
DURÉES DES SYMPTÔMES: DURÉES DES SYMPTÔMES:
FACTEURS DÉCLANCHANTS: FACTEURS DÉCLANCHANTS:
AUTRES OBSERVATIONS: AUTRES OBSERVATIONS:

LOCALISATION 7:   LOCALISATION 8:
INTENSITÉ DE LA DOULEUR (1 À10) :   INTENSITÉ DE LA DOULEUR (1 À10) :
DESCRIPTION DE LA DOULEUR: DESCRIPTION DE LA DOULEUR:
DURÉES DES SYMPTÔMES: DURÉES DES SYMPTÔMES:
FACTEURS DÉCLANCHANTS: FACTEURS DÉCLANCHANTS:
AUTRES OBSERVATIONS: AUTRES OBSERVATIONS:

Suivi des symptômes

DATE :　　　　　　　　　　　HEURE:

NOTES::

NOTES:

NOTES:

Semaine

DATE : HEURE:

OBJECTIFS DE MA SEMAINE:

PRIORITÉES:

ACTIVITÉS PRÉVUES:

Activités Physiques

DATE : _____ HEURE: _____

ACTIVITÉES PHYSIQUES :
_____
_____
_____
_____

COMMENT JE ME SUIS SENTI(E) PENDANT L'ACTIVITÉ :
_____
_____
_____
_____

COMMENT JE ME SENS APRÈS:
_____
_____
_____
_____
_____

Alimentation du jour

DATE :   HEURE:

REPAS DU MATIN

REPAS DU MIDI

REPAS DU SOIR

ENCAS

Les Aliments

DATE :   HEURE:
_____

ALIMENTS À PRÉVILÉGIER:
_____
_____
_____
_____

ALIMENTS À ÉVITER:
_____
_____
_____
_____

ALIMENTS EN FAIBLE QUANTITÉ :
_____
_____
_____
_____

Suivi Alimentation & Symptômes

DATE :

Symtômes

Alimentation	Ballonnement	Douleurs	Nausées	Fatigue	Ventre Gonflé	Constipation	Diarrhée
_____	○	○	○	○	○	○	○
_____	○	○	○	○	○	○	○
_____	○	○	○	○	○	○	○
_____	○	○	○	○	○	○	○
_____	○	○	○	○	○	○	○
_____	○	○	○	○	○	○	○
_____	○	○	○	○	○	○	○
_____	○	○	○	○	○	○	○
_____	○	○	○	○	○	○	○

NOTES :

Ma Routine Du Jour

Matin

	LUN	MAR	MER	JEU	VEN	SAM	DIM
_____	○	○	○	○	○	○	○
_____	○	○	○	○	○	○	○
_____	○	○	○	○	○	○	○
_____	○	○	○	○	○	○	○
_____	○	○	○	○	○	○	○

Après-Midi

	LUN	MAR	MER	JEU	VEN	SAM	DIM
_____	○	○	○	○	○	○	○
_____	○	○	○	○	○	○	○
_____	○	○	○	○	○	○	○
_____	○	○	○	○	○	○	○
_____	○	○	○	○	○	○	○

Soirée

	LUN	MAR	MER	JEU	VEN	SAM	DIM
_____	○	○	○	○	○	○	○
_____	○	○	○	○	○	○	○
_____	○	○	○	○	○	○	○
_____	○	○	○	○	○	○	○
_____	○	○	○	○	○	○	○

MÉTÉO DU JOUR

DATE: /   /

¹AUJOURD'HUI, JE SUIS RECONNAISSANTE DE:

2.

3.

MOOD DU JOUR

ANGRY   TIRED   SAD   HAPPY   EXCITED

COMMENT TU TE SENS AUJOURD'HUI?

NOTES

AFFIRMATION DU JOUR

JOURNAL DU JOUR

DATE: /   /

ENERGIE: /10
STRESS: /10
APPÉTIT: /10
DIGESTION: /10

MÉDICAMENTS

QUALITÉ DU SOMMEIL

HEURES DE SOMMEIL :

HYDRATATION

ACTIVITÉES DE LA JOURNÉE

ACTIVITÉ PHYSIQUE

JOURNAL DU JOUR

DATE: /   /

QUELLE PETITE VICTOIRE AI-JE ACCOMPLIE AUJOURD'HUI?

....
....
....

MOMENT HEUREUX DE LA JOURNÉE

....
....
....
....
....

COMMENT ADAPTER MA JOURNÉE

....
....
....
....
....

MES PENSÉES DU JOUR

DATE: / /

BOCAL DES PENSÉES POSITIVES

5 MINUTES DE JOURNALING

Suivi des symptômes

DATE :   HEURE:

UTILISEZ LE SCHÉMA CI-DESSOUS POUR LOCALISER VOS DOULEURS :

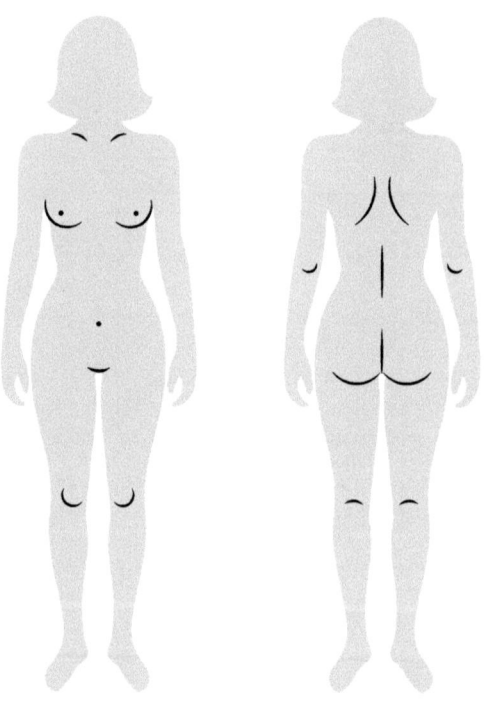

LOCALISATION 1:   LOCALISATION 2:

INTENSITÉ DE LA DOULEUR (1 À10) :   INTENSITÉ DE LA DOULEUR (1 À10) :

DESCRIPTION DE LA DOULEUR: DESCRIPTION DE LA DOULEUR:

DURÉES DES SYMPTÔMES: DURÉES DES SYMPTÔMES:

FACTEURS DÉCLANCHANTS: FACTEURS DÉCLANCHANTS:

AUTRES OBSERVATIONS: AUTRES OBSERVATIONS:

Suivi des symptômes

DATE : HEURE:

LOCALISATION 3:
INTENSITÉ DE LA DOULEUR (1 À10) :
DESCRIPTION DE LA DOULEUR:
DURÉES DES SYMPTÔMES:
FACTEURS DÉCLANCHANTS:
AUTRES OBSERVATIONS:

LOCALISATION 4:
INTENSITÉ DE LA DOULEUR (1 À10) :
DESCRIPTION DE LA DOULEUR:
DURÉES DES SYMPTÔMES:
FACTEURS DÉCLANCHANTS:
AUTRES OBSERVATIONS:

LOCALISATION 5:
INTENSITÉ DE LA DOULEUR (1 À10) :
DESCRIPTION DE LA DOULEUR:
DURÉES DES SYMPTÔMES:
FACTEURS DÉCLANCHANTS:
AUTRES OBSERVATIONS:

LOCALISATION 6:
INTENSITÉ DE LA DOULEUR (1 À10) :
DESCRIPTION DE LA DOULEUR:
DURÉES DES SYMPTÔMES:
FACTEURS DÉCLANCHANTS:
AUTRES OBSERVATIONS:

LOCALISATION 7:
INTENSITÉ DE LA DOULEUR (1 À10) :
DESCRIPTION DE LA DOULEUR:
DURÉES DES SYMPTÔMES:
FACTEURS DÉCLANCHANTS:
AUTRES OBSERVATIONS:

LOCALISATION 8:
INTENSITÉ DE LA DOULEUR (1 À10) :
DESCRIPTION DE LA DOULEUR:
DURÉES DES SYMPTÔMES:
FACTEURS DÉCLANCHANTS:
AUTRES OBSERVATIONS:

Suivi des symptômes

DATE :   HEURE:

NOTES::

NOTES:

NOTES:

Semaine

DATE : HEURE:

OBJECTIFS DE MA SEMAINE:

PRIORITÉES:

ACTIVITÉS PRÉVUES:

Activités Physiques

DATE : HEURE:

ACTIVITÉES PHYSIQUES :

COMMENT JE ME SUIS SENTI(E) PENDANT L'ACTIVITÉ :

COMMENT JE ME SENS APRÈS:

Alimentation du jour

DATE :　　　　　　　　HEURE:

REPAS DU MATIN

REPAS DU MIDI

REPAS DU SOIR

ENCAS

Les Aliments

DATE :   HEURE:

ALIMENTS À PRÉVILÉGIER:

ALIMENTS À ÉVITER:

ALIMENTS EN FAIBLE QUANTITÉ :

Suivi Alimentation & Symptômes

DATE :

Symtômes

Alimentation	Ballonnement	Douleurs	Nausées	Fatigue	Ventre Gonflé	Constipation	Diarrhée
_____	○	○	○	○	○	○	○
_____	○	○	○	○	○	○	○
_____	○	○	○	○	○	○	○
_____	○	○	○	○	○	○	○
_____	○	○	○	○	○	○	○
_____	○	○	○	○	○	○	○
_____	○	○	○	○	○	○	○
_____	○	○	○	○	○	○	○
_____	○	○	○	○	○	○	○

NOTES:

Ma Routine Du Jour

Matin

	LUN	MAR	MER	JEU	VEN	SAM	DIM
_____	○	○	○	○	○	○	○
_____	○	○	○	○	○	○	○
_____	○	○	○	○	○	○	○
_____	○	○	○	○	○	○	○
_____	○	○	○	○	○	○	○

Après-Midi

	LUN	MAR	MER	JEU	VEN	SAM	DIM
_____	○	○	○	○	○	○	○
_____	○	○	○	○	○	○	○
_____	○	○	○	○	○	○	○
_____	○	○	○	○	○	○	○
_____	○	○	○	○	○	○	○

Soirée

	LUN	MAR	MER	JEU	VEN	SAM	DIM
_____	○	○	○	○	○	○	○
_____	○	○	○	○	○	○	○
_____	○	○	○	○	○	○	○
_____	○	○	○	○	○	○	○
_____	○	○	○	○	○	○	○

MÉTÉO DU JOUR

DATE: /   /

AUJOURD'HUI, JE SUIS RECONNAISSANTE DE:
1.
2.
3.

MOOD DU JOUR

ANGRY   TIRED   SAD   HAPPY   EXCITED

COMMENT TU TE SENS AUJOURD'HUI?

NOTES

AFFIRMATION DU JOUR

JOURNAL DU JOUR

DATE: /   /

ENERGIE: /10
STRESS: /10
APPÉTIT: /10
DIGESTION: /10

MÉDICAMENTS

QUALITÉ DU SOMMEIL

HEURES DE SOMMEIL :

HYDRATATION

ACTIVITÉES DE LA JOURNÉE

ACTIVITÉ PHYSIQUE

JOURNAL DU JOUR

DATE: /   /

QUELLE PETITE VICTOIRE AI-JE ACCOMPLIE AUJOURD'HUI?

....
....
....

MOMENT HEUREUX DE LA JOURNÉE

....
....
....
....
....

COMMENT ADAPTER MA JOURNÉE

....
....
....
....
....

MES PENSÉES DU JOUR

DATE: /   /

BOCAL DES PENSÉES POSITIVES

5 MINUTES DE JOURNALING

Suivi des symptômes

DATE : _____ HEURE: _____

UTILISEZ LE SCHÉMA CI-DESSOUS POUR LOCALISER VOS DOULEURS :

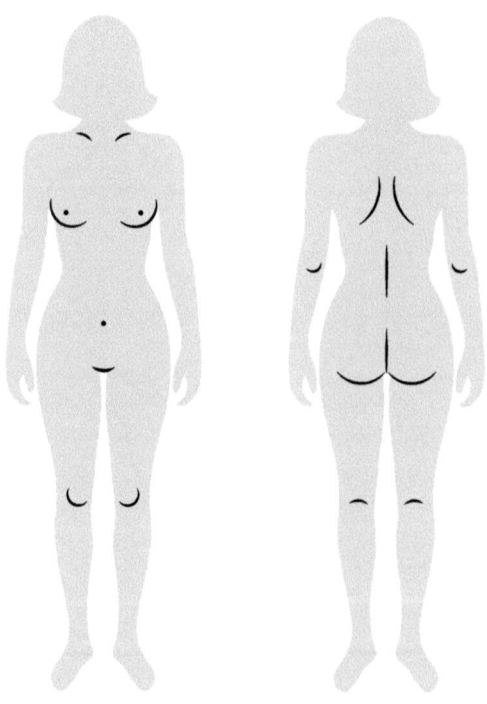

LOCALISATION 1: _____

INTENSITÉ DE LA DOULEUR (1 À10) : _____

DESCRIPTION DE LA DOULEUR: _____

DURÉES DES SYMPTÔMES: _____

FACTEURS DÉCLANCHANTS: _____

AUTRES OBSERVATIONS: _____

LOCALISATION 2: _____

INTENSITÉ DE LA DOULEUR (1 À10) : _____

DESCRIPTION DE LA DOULEUR: _____

DURÉES DES SYMPTÔMES: _____

FACTEURS DÉCLANCHANTS: _____

AUTRES OBSERVATIONS: _____

Suivi des symptômes

DATE :   HEURE:

LOCALISATION 3:
INTENSITÉ DE LA DOULEUR (1 À10) :
DESCRIPTION DE LA DOULEUR:
DURÉES DES SYMPTÔMES:
FACTEURS DÉCLANCHANTS:
AUTRES OBSERVATIONS:

LOCALISATION 4:
INTENSITÉ DE LA DOULEUR (1 À10) :
DESCRIPTION DE LA DOULEUR:
DURÉES DES SYMPTÔMES:
FACTEURS DÉCLANCHANTS:
AUTRES OBSERVATIONS:

LOCALISATION 5:
INTENSITÉ DE LA DOULEUR (1 À10) :
DESCRIPTION DE LA DOULEUR:
DURÉES DES SYMPTÔMES:
FACTEURS DÉCLANCHANTS:
AUTRES OBSERVATIONS:

LOCALISATION 6:
INTENSITÉ DE LA DOULEUR (1 À10) :
DESCRIPTION DE LA DOULEUR:
DURÉES DES SYMPTÔMES:
FACTEURS DÉCLANCHANTS:
AUTRES OBSERVATIONS:

LOCALISATION 7:
INTENSITÉ DE LA DOULEUR (1 À10) :
DESCRIPTION DE LA DOULEUR:
DURÉES DES SYMPTÔMES:
FACTEURS DÉCLANCHANTS:
AUTRES OBSERVATIONS:

LOCALISATION 8:
INTENSITÉ DE LA DOULEUR (1 À10) :
DESCRIPTION DE LA DOULEUR:
DURÉES DES SYMPTÔMES:
FACTEURS DÉCLANCHANTS:
AUTRES OBSERVATIONS:

Suivi des symptômes

DATE :   HEURE:

NOTES::

NOTES:

NOTES:

SEMAINE

DATE : HEURE:

OBJECTIFS DE MA SEMAINE:

PRIORITÉES:

ACTIVITÉS PRÉVUES:

Activités Physiques

DATE :						HEURE:
_____

ACTIVITÉES PHYSIQUES :
_____
_____
_____
_____

COMMENT JE ME SUIS SENTI(E) PENDANT L'ACTIVITÉ :
_____
_____
_____
_____

COMMENT JE ME SENS APRÈS:
_____
_____
_____
_____

Alimentation du jour

DATE :   HEURE:

REPAS DU MATIN

REPAS DU MIDI

REPAS DU SOIR

ENCAS

Les Aliments

DATE :   HEURE :

ALIMENTS À PRÉVILÉGIER :

ALIMENTS À ÉVITER :

ALIMENTS EN FAIBLE QUANTITÉ :

Suivi Alimentation & Symptômes

DATE :

Symtômes

Alimentation	Ballonnement	Douleurs	Nausées	Fatigue	Ventre Gonflé	Constipation	Diarrhée
_____	○	○	○	○	○	○	○
_____	○	○	○	○	○	○	○
_____	○	○	○	○	○	○	○
_____	○	○	○	○	○	○	○
_____	○	○	○	○	○	○	○
_____	○	○	○	○	○	○	○
_____	○	○	○	○	○	○	○
_____	○	○	○	○	○	○	○
_____	○	○	○	○	○	○	○

NOTES:

Ma Routine Du Jour

Matin

	LUN	MAR	MER	JEU	VEN	SAM	DIM
_____	○	○	○	○	○	○	○
_____	○	○	○	○	○	○	○
_____	○	○	○	○	○	○	○
_____	○	○	○	○	○	○	○
_____	○	○	○	○	○	○	○

Après-Midi

	LUN	MAR	MER	JEU	VEN	SAM	DIM
_____	○	○	○	○	○	○	○
_____	○	○	○	○	○	○	○
_____	○	○	○	○	○	○	○
_____	○	○	○	○	○	○	○
_____	○	○	○	○	○	○	○

Soirée

	LUN	MAR	MER	JEU	VEN	SAM	DIM
_____	○	○	○	○	○	○	○
_____	○	○	○	○	○	○	○
_____	○	○	○	○	○	○	○
_____	○	○	○	○	○	○	○
_____	○	○	○	○	○	○	○

MÉTÉO DU JOUR

DATE: /   /

1. AUJOURD'HUI, JE SUIS RECONNAISSANTE DE:
2.
3.

MOOD DU JOUR

ANGRY   TIRED   SAD   HAPPY   EXCITED

COMMENT TU TE SENS AUJOURD'HUI?

NOTES

AFFIRMATION DU JOUR

JOURNAL DU JOUR

DATE: /   /

ENERGIE: /10

STRESS: /10

APPÉTIT: /10

DIGESTION: /10

MÉDICAMENTS

QUALITÉ DU SOMMEIL

HEURES DE SOMMEIL :

HYDRATATION

ACTIVITÉES DE LA JOURNÉE

ACTIVITÉ PHYSIQUE

JOURNAL DU JOUR

DATE: /   /

QUELLE PETITE VICTOIRE AI-JE ACCOMPLIE AUJOURD'HUI?

_____
_____
_____

MOMENT HEUREUX DE LA JOURNÉE

_____
_____
_____
_____
_____

COMMENT ADAPTER MA JOURNÉE

_____
_____
_____
_____
_____

MES PENSÉES DU JOUR

DATE: / /

BOCAL DES PENSÉES POSITIVES

5 MINUTES DE JOURNALING

SUIVI DES SYMPTÔMES

DATE :   HEURE :

UTILISEZ LE SCHÉMA CI-DESSOUS POUR LOCALISER VOS DOULEURS :

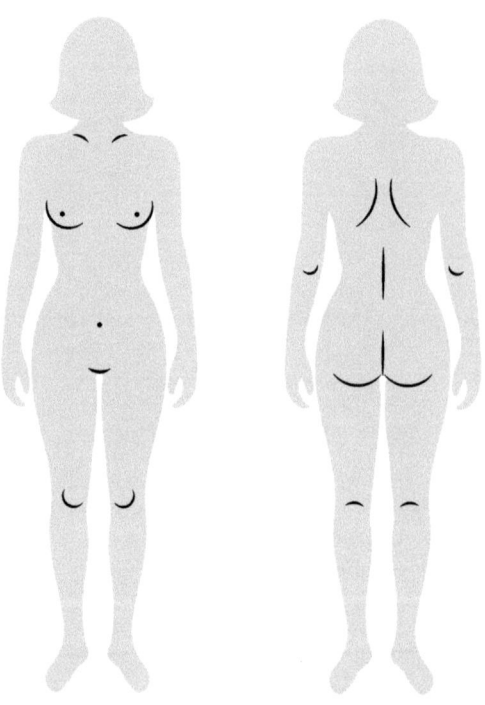

LOCALISATION 1:

INTENSITÉ DE LA DOULEUR (1 À10) :

DESCRIPTION DE LA DOULEUR:

DURÉES DES SYMPTÔMES:

FACTEURS DÉCLANCHANTS:

AUTRES OBSERVATIONS:

LOCALISATION 2:

INTENSITÉ DE LA DOULEUR (1 À10) :

DESCRIPTION DE LA DOULEUR:

DURÉES DES SYMPTÔMES:

FACTEURS DÉCLANCHANTS:

AUTRES OBSERVATIONS:

Suivi des symptômes

DATE : _____   HEURE: _____

LOCALISATION 3:
INTENSITÉ DE LA DOULEUR (1 À10) : _____
DESCRIPTION DE LA DOULEUR: _____
DURÉES DES SYMPTÔMES: _____
FACTEURS DÉCLANCHANTS: _____
AUTRES OBSERVATIONS: _____

LOCALISATION 4:
INTENSITÉ DE LA DOULEUR (1 À10) : _____
DESCRIPTION DE LA DOULEUR: _____
DURÉES DES SYMPTÔMES: _____
FACTEURS DÉCLANCHANTS: _____
AUTRES OBSERVATIONS: _____

LOCALISATION 5:
INTENSITÉ DE LA DOULEUR (1 À10) : _____
DESCRIPTION DE LA DOULEUR: _____
DURÉES DES SYMPTÔMES: _____
FACTEURS DÉCLANCHANTS: _____
AUTRES OBSERVATIONS: _____

LOCALISATION 6:
INTENSITÉ DE LA DOULEUR (1 À10) : _____
DESCRIPTION DE LA DOULEUR: _____
DURÉES DES SYMPTÔMES: _____
FACTEURS DÉCLANCHANTS: _____
AUTRES OBSERVATIONS: _____

LOCALISATION 7:
INTENSITÉ DE LA DOULEUR (1 À10) : _____
DESCRIPTION DE LA DOULEUR: _____
DURÉES DES SYMPTÔMES: _____
FACTEURS DÉCLANCHANTS: _____
AUTRES OBSERVATIONS: _____

LOCALISATION 8:
INTENSITÉ DE LA DOULEUR (1 À10) : _____
DESCRIPTION DE LA DOULEUR: _____
DURÉES DES SYMPTÔMES: _____
FACTEURS DÉCLANCHANTS: _____
AUTRES OBSERVATIONS: _____

Suivi des symptômes

DATE :   HEURE:

NOTES::

NOTES:

NOTES:

Semaine

DATE :   HEURE:

OBJECTIFS DE MA SEMAINE:

PRIORITÉES:

ACTIVITÉS PRÉVUES:

ACTIVITÉS PHYSIQUES

DATE :   HEURE:

ACTIVITÉES PHYSIQUES :

COMMENT JE ME SUIS SENTI(E) PENDANT L'ACTIVITÉ :

COMMENT JE ME SENS APRÈS:

Alimentation du jour

DATE :   HEURE:

REPAS DU MATIN

REPAS DU MIDI

REPAS DU SOIR

ENCAS

Les Aliments

DATE : HEURE:

ALIMENTS À PRÉVILÉGIER:

ALIMENTS À ÉVITER:

ALIMENTS EN FAIBLE QUANTITÉ :

Suivi Alimentation & Symptômes

DATE :

Symtômes

Alimentation	Ballonnement	Douleurs	Nausées	Fatigue	Ventre Gonflé	Constipation	Diarrhée
_____	○	○	○	○	○	○	○
_____	○	○	○	○	○	○	○
_____	○	○	○	○	○	○	○
_____	○	○	○	○	○	○	○
_____	○	○	○	○	○	○	○
_____	○	○	○	○	○	○	○
_____	○	○	○	○	○	○	○
_____	○	○	○	○	○	○	○
_____	○	○	○	○	○	○	○

NOTES:

Ma Routine Du Jour

Matin

	LUN	MAR	MER	JEU	VEN	SAM	DIM
_____	○	○	○	○	○	○	○
_____	○	○	○	○	○	○	○
_____	○	○	○	○	○	○	○
_____	○	○	○	○	○	○	○
_____	○	○	○	○	○	○	○

Après-Midi

	LUN	MAR	MER	JEU	VEN	SAM	DIM
_____	○	○	○	○	○	○	○
_____	○	○	○	○	○	○	○
_____	○	○	○	○	○	○	○
_____	○	○	○	○	○	○	○
_____	○	○	○	○	○	○	○

Soirée

	LUN	MAR	MER	JEU	VEN	SAM	DIM
_____	○	○	○	○	○	○	○
_____	○	○	○	○	○	○	○
_____	○	○	○	○	○	○	○
_____	○	○	○	○	○	○	○
_____	○	○	○	○	○	○	○

MÉTÉO DU JOUR

DATE: /   /

1. AUJOURD'HUI, JE SUIS RECONNAISSANTE DE:
2.
3.

MOOD DU JOUR

ANGRY   TIRED   SAD   HAPPY   EXCITED

COMMENT TU TE SENS AUJOURD'HUI?

NOTES

AFFIRMATION DU JOUR

JOURNAL DU JOUR

DATE: /   /

ENERGIE: /10

STRESS: /10

APPÉTIT: /10

DIGESTION: /10

MÉDICAMENTS

QUALITÉ DU SOMMEIL

HEURES DE SOMMEIL :

HYDRATATION

ACTIVITÉES DE LA JOURNÉE

ACTIVITÉ PHYSIQUE

JOURNAL DU JOUR

DATE: /   /

QUELLE PETITE VICTOIRE AI-JE ACCOMPLIE AUJOURD'HUI?

....
....
....

MOMENT HEUREUX DE LA JOURNÉE

....
....
....
....
....

COMMENT ADAPTER MA JOURNÉE

....
....
....
....
....

MES PENSÉES DU JOUR

DATE: / /

BOCAL DES PENSÉES POSITIVES

5 MINUTES DE JOURNALING

Suivi des symptômes

DATE :   HEURE:

UTILISEZ LE SCHÉMA CI-DESSOUS POUR LOCALISER VOS DOULEURS :

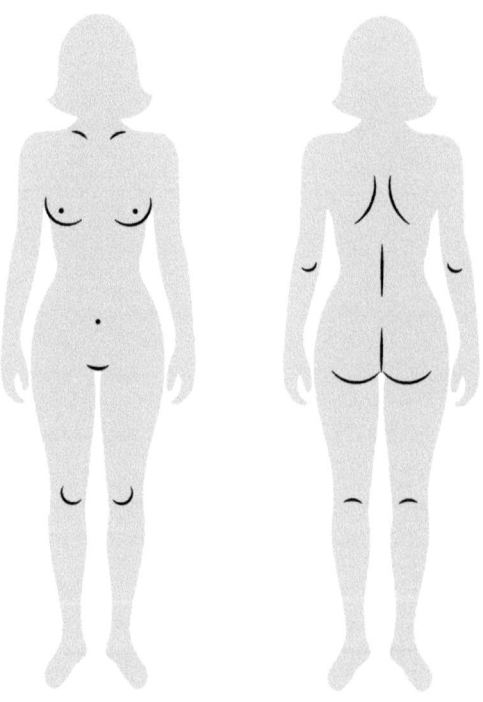

LOCALISATION 1:

INTENSITÉ DE LA DOULEUR (1 À10) :

DESCRIPTION DE LA DOULEUR:

DURÉES DES SYMPTÔMES:

FACTEURS DÉCLANCHANTS:

AUTRES OBSERVATIONS:

LOCALISATION 2:

INTENSITÉ DE LA DOULEUR (1 À10) :

DESCRIPTION DE LA DOULEUR:

DURÉES DES SYMPTÔMES:

FACTEURS DÉCLANCHANTS:

AUTRES OBSERVATIONS:

Suivi des symptômes

DATE : _____ HEURE: _____

LOCALISATION 3:
INTENSITÉ DE LA DOULEUR (1 À10) :
DESCRIPTION DE LA DOULEUR:
DURÉES DES SYMPTÔMES:
FACTEURS DÉCLANCHANTS:
AUTRES OBSERVATIONS:

LOCALISATION 4:
INTENSITÉ DE LA DOULEUR (1 À10) :
DESCRIPTION DE LA DOULEUR:
DURÉES DES SYMPTÔMES:
FACTEURS DÉCLANCHANTS:
AUTRES OBSERVATIONS:

LOCALISATION 5:
INTENSITÉ DE LA DOULEUR (1 À10) :
DESCRIPTION DE LA DOULEUR:
DURÉES DES SYMPTÔMES:
FACTEURS DÉCLANCHANTS:
AUTRES OBSERVATIONS:

LOCALISATION 6:
INTENSITÉ DE LA DOULEUR (1 À10) :
DESCRIPTION DE LA DOULEUR:
DURÉES DES SYMPTÔMES:
FACTEURS DÉCLANCHANTS:
AUTRES OBSERVATIONS:

LOCALISATION 7:
INTENSITÉ DE LA DOULEUR (1 À10) :
DESCRIPTION DE LA DOULEUR:
DURÉES DES SYMPTÔMES:
FACTEURS DÉCLANCHANTS:
AUTRES OBSERVATIONS:

LOCALISATION 8:
INTENSITÉ DE LA DOULEUR (1 À10) :
DESCRIPTION DE LA DOULEUR:
DURÉES DES SYMPTÔMES:
FACTEURS DÉCLANCHANTS:
AUTRES OBSERVATIONS:

Suivi des symptômes

DATE :   HEURE:

NOTES::

NOTES:

NOTES:

SEMAINE

DATE :   HEURE:

OBJECTIFS DE MA SEMAINE:

PRIORITÉES:

ACTIVITÉS PRÉVUES:

Activités Physiques

DATE :   HEURE:
_____

ACTIVITÉES PHYSIQUES :
_____
_____
_____
_____

COMMENT JE ME SUIS SENTI(E) PENDANT L'ACTIVITÉ :
_____
_____
_____
_____

COMMENT JE ME SENS APRÈS:
_____
_____
_____
_____

ALIMENTATION DU JOUR

DATE :   HEURE:

REPAS DU MATIN

REPAS DU MIDI

REPAS DU SOIR

ENCAS

Les Aliments

DATE :   HEURE:
_____

ALIMENTS À PRÉVILÉGIER:
_____
_____
_____
_____

ALIMENTS À ÉVITER:
_____
_____
_____
_____

ALIMENTS EN FAIBLE QUANTITÉ :
_____
_____
_____
_____

Suivi Alimentation & Symptômes

DATE :

Symtômes

Alimentation	Ballonnement	Douleurs	Nausées	Fatigue	Ventre Gonflé	Constipation	Diarrhée
_____	○	○	○	○	○	○	○
_____	○	○	○	○	○	○	○
_____	○	○	○	○	○	○	○
_____	○	○	○	○	○	○	○
_____	○	○	○	○	○	○	○
_____	○	○	○	○	○	○	○
_____	○	○	○	○	○	○	○
_____	○	○	○	○	○	○	○
_____	○	○	○	○	○	○	○

NOTES :

Ma Routine Du Jour

Matin

	LUN	MAR	MER	JEU	VEN	SAM	DIM
_____	○	○	○	○	○	○	○
_____	○	○	○	○	○	○	○
_____	○	○	○	○	○	○	○
_____	○	○	○	○	○	○	○
_____	○	○	○	○	○	○	○

Après-Midi

	LUN	MAR	MER	JEU	VEN	SAM	DIM
_____	○	○	○	○	○	○	○
_____	○	○	○	○	○	○	○
_____	○	○	○	○	○	○	○
_____	○	○	○	○	○	○	○
_____	○	○	○	○	○	○	○

Soirée

	LUN	MAR	MER	JEU	VEN	SAM	DIM
_____	○	○	○	○	○	○	○
_____	○	○	○	○	○	○	○
_____	○	○	○	○	○	○	○
_____	○	○	○	○	○	○	○
_____	○	○	○	○	○	○	○

MÉTÉO DU JOUR

DATE: /   /

1. AUJOURD'HUI, JE SUIS RECONNAISSANTE DE:
2.
3.

MOOD DU JOUR

😠 ANGRY   😫 TIRED   😔 SAD   🙂 HAPPY   😂 EXCITED

COMMENT TU TE SENS AUJOURD'HUI?

NOTES

AFFIRMATION DU JOUR

JOURNAL DU JOUR

DATE: /   /

ENERGIE: /10

STRESS: /10

APPÉTIT: /10

DIGESTION: /10

MÉDICAMENTS

QUALITÉ DU SOMMEIL

HEURES DE SOMMEIL :

HYDRATATION

ACTIVITÉES DE LA JOURNÉE

ACTIVITÉ PHYSIQUE

JOURNAL DU JOUR

DATE: /   /

QUELLE PETITE VICTOIRE AI-JE ACCOMPLIE AUJOURD'HUI?

....
....
....

MOMENT HEUREUX DE LA JOURNÉE

....
....
....
....
....

COMMENT ADAPTER MA JOURNÉE

....
....
....
....
....

MES PENSÉES DU JOUR

DATE: /   /

BOCAL DES PENSÉES POSITIVES

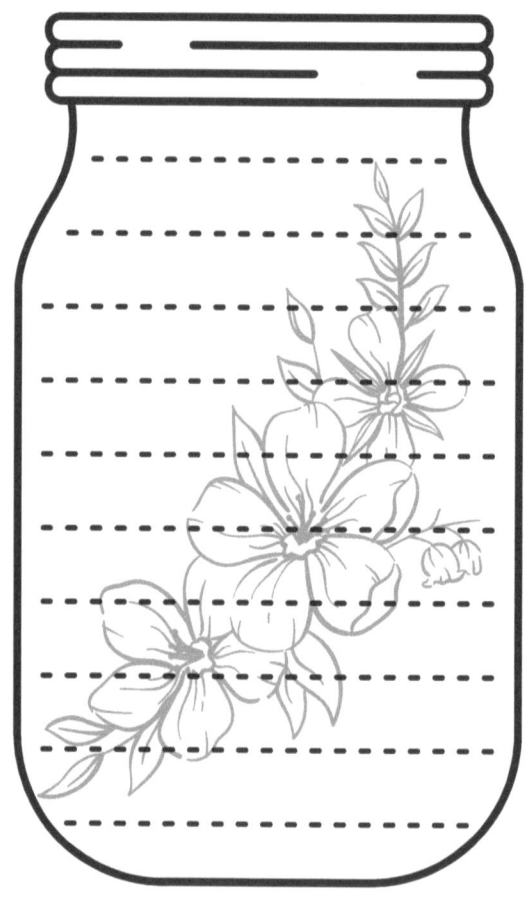

5 MINUTES DE JOURNALING

Suivi des symptômes

DATE :   HEURE:

UTILISEZ LE SCHÉMA CI-DESSOUS POUR LOCALISER VOS DOULEURS :

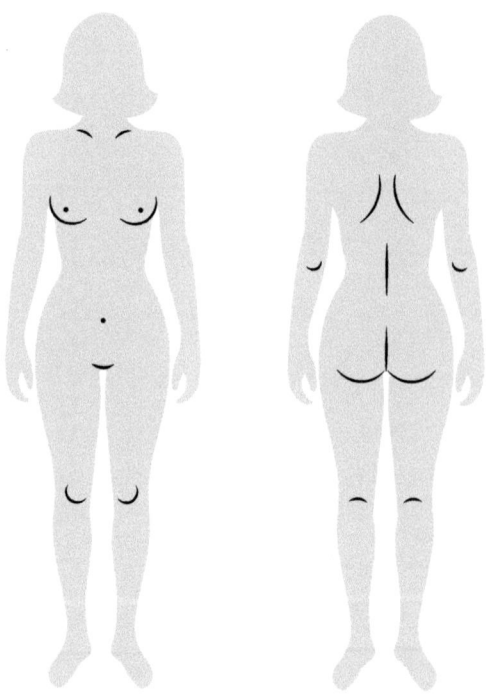

LOCALISATION 1:

INTENSITÉ DE LA DOULEUR (1 À10) :

DESCRIPTION DE LA DOULEUR:

DURÉES DES SYMPTÔMES:

FACTEURS DÉCLANCHANTS:

AUTRES OBSERVATIONS:

LOCALISATION 2:

INTENSITÉ DE LA DOULEUR (1 À10) :

DESCRIPTION DE LA DOULEUR:

DURÉES DES SYMPTÔMES:

FACTEURS DÉCLANCHANTS:

AUTRES OBSERVATIONS:

Suivi des symptômes

DATE : _____   HEURE: _____

LOCALISATION 3: _____
INTENSITÉ DE LA DOULEUR (1 À10) : _____
DESCRIPTION DE LA DOULEUR: _____
DURÉES DES SYMPTÔMES: _____
FACTEURS DÉCLANCHANTS: _____
AUTRES OBSERVATIONS: _____

LOCALISATION 4: _____
INTENSITÉ DE LA DOULEUR (1 À10) : _____
DESCRIPTION DE LA DOULEUR: _____
DURÉES DES SYMPTÔMES: _____
FACTEURS DÉCLANCHANTS: _____
AUTRES OBSERVATIONS: _____

LOCALISATION 5: _____
INTENSITÉ DE LA DOULEUR (1 À10) : _____
DESCRIPTION DE LA DOULEUR: _____
DURÉES DES SYMPTÔMES: _____
FACTEURS DÉCLANCHANTS: _____
AUTRES OBSERVATIONS: _____

LOCALISATION 6: _____
INTENSITÉ DE LA DOULEUR (1 À10) : _____
DESCRIPTION DE LA DOULEUR: _____
DURÉES DES SYMPTÔMES: _____
FACTEURS DÉCLANCHANTS: _____
AUTRES OBSERVATIONS: _____

LOCALISATION 7: _____
INTENSITÉ DE LA DOULEUR (1 À10) : _____
DESCRIPTION DE LA DOULEUR: _____
DURÉES DES SYMPTÔMES: _____
FACTEURS DÉCLANCHANTS: _____
AUTRES OBSERVATIONS: _____

LOCALISATION 8: _____
INTENSITÉ DE LA DOULEUR (1 À10) : _____
DESCRIPTION DE LA DOULEUR: _____
DURÉES DES SYMPTÔMES: _____
FACTEURS DÉCLANCHANTS: _____
AUTRES OBSERVATIONS: _____

Suivi des symptômes

DATE : HEURE:

NOTES::

NOTES:

NOTES:

SEMAINE

DATE :   HEURE:
_____

OBJECTIFS DE MA SEMAINE:
_____
_____
_____
_____

PRIORITÉES:
_____
_____
_____
_____

ACTIVITÉS PRÉVUES:
_____
_____
_____
_____

ACTIVITÉS PHYSIQUES

DATE :   HEURE:

ACTIVITÉES PHYSIQUES :

COMMENT JE ME SUIS SENTI(E) PENDANT L'ACTIVITÉ :

COMMENT JE ME SENS APRÈS:

ALIMENTATION DU JOUR

DATE :   HEURE:

REPAS DU MATIN

REPAS DU MIDI

REPAS DU SOIR

ENCAS

Les Aliments

DATE : HEURE :

ALIMENTS À PRÉVILÉGIER :

ALIMENTS À ÉVITER :

ALIMENTS EN FAIBLE QUANTITÉ :

Suivi Alimentation & Symptômes

DATE :

Symtômes

Alimentation	Ballonnement	Douleurs	Nausées	Fatigue	Ventre Gonflé	Constipation	Diarrhée
_____	○	○	○	○	○	○	○
_____	○	○	○	○	○	○	○
_____	○	○	○	○	○	○	○
_____	○	○	○	○	○	○	○
_____	○	○	○	○	○	○	○
_____	○	○	○	○	○	○	○
_____	○	○	○	○	○	○	○
_____	○	○	○	○	○	○	○
_____	○	○	○	○	○	○	○

NOTES :

Ma Routine Du Jour

Matin

	LUN	MAR	MER	JEU	VEN	SAM	DIM
_____	○	○	○	○	○	○	○
_____	○	○	○	○	○	○	○
_____	○	○	○	○	○	○	○
_____	○	○	○	○	○	○	○
_____	○	○	○	○	○	○	○

Après-Midi

	LUN	MAR	MER	JEU	VEN	SAM	DIM
_____	○	○	○	○	○	○	○
_____	○	○	○	○	○	○	○
_____	○	○	○	○	○	○	○
_____	○	○	○	○	○	○	○
_____	○	○	○	○	○	○	○

Soirée

	LUN	MAR	MER	JEU	VEN	SAM	DIM
_____	○	○	○	○	○	○	○
_____	○	○	○	○	○	○	○
_____	○	○	○	○	○	○	○
_____	○	○	○	○	○	○	○
_____	○	○	○	○	○	○	○

Planning semaine

DATE :

LUNDI	MARDI	MERCREDI

JEUDI	VENDREDI	SAMEDI

DIMANCHE

NOTES:

MÉTÉO DU JOUR

DATE: /   /

1. AUJOURD'HUI, JE SUIS RECONNAISSANTE DE:

2. ....

3. ....

MOOD DU JOUR

| ANGRY | TIRED | SAD | HAPPY | EXCITED |

COMMENT TU TE SENS AUJOURD'HUI?

NOTES

AFFIRMATION DU JOUR

JOURNAL DU JOUR

DATE: /   /

ENERGIE: /10

STRESS: /10

APPÉTIT: /10

DIGESTION: /10

MÉDICAMENTS

QUALITÉ DU SOMMEIL

HEURES DE SOMMEIL :

HYDRATATION

ACTIVITÉES DE LA JOURNÉE

ACTIVITÉ PHYSIQUE

JOURNAL DU JOUR

DATE: /   /

QUELLE PETITE VICTOIRE AI-JE ACCOMPLIE AUJOURD'HUI?

....

....

....

MOMENT HEUREUX DE LA JOURNÉE

....

....

....

....

....

COMMENT ADAPTER MA JOURNÉE

....

....

....

....

....

MES PENSÉES DU JOUR

DATE: /   /

BOCAL DES PENSÉES POSITIVES

5 MINUTES DE JOURNALING

Suivi des symptômes

DATE :   HEURE:

UTILISEZ LE SCHÉMA CI-DESSOUS POUR LOCALISER VOS DOULEURS :

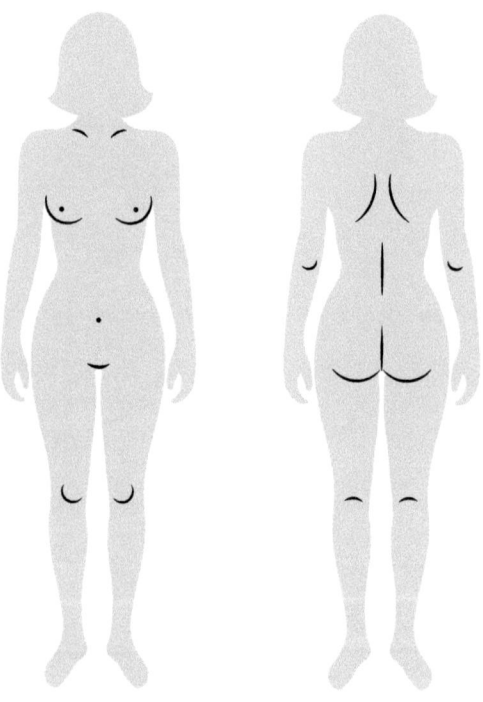

LOCALISATION 1:   LOCALISATION 2:
INTENSITÉ DE LA DOULEUR (1 À10) :   INTENSITÉ DE LA DOULEUR (1 À10) :
DESCRIPTION DE LA DOULEUR: DESCRIPTION DE LA DOULEUR:
DURÉES DES SYMPTÔMES: DURÉES DES SYMPTÔMES:
FACTEURS DÉCLANCHANTS: FACTEURS DÉCLANCHANTS:
AUTRES OBSERVATIONS: AUTRES OBSERVATIONS:

Suivi des symptômes

DATE : HEURE:

LOCALISATION 3:

INTENSITÉ DE LA DOULEUR (1 À10) :

DESCRIPTION DE LA DOULEUR:

DURÉES DES SYMPTÔMES:

FACTEURS DÉCLANCHANTS:

AUTRES OBSERVATIONS:

LOCALISATION 4:

INTENSITÉ DE LA DOULEUR (1 À10) :

DESCRIPTION DE LA DOULEUR:

DURÉES DES SYMPTÔMES:

FACTEURS DÉCLANCHANTS:

AUTRES OBSERVATIONS:

LOCALISATION 5:

INTENSITÉ DE LA DOULEUR (1 À10) :

DESCRIPTION DE LA DOULEUR:

DURÉES DES SYMPTÔMES:

FACTEURS DÉCLANCHANTS:

AUTRES OBSERVATIONS:

LOCALISATION 6:

INTENSITÉ DE LA DOULEUR (1 À10) :

DESCRIPTION DE LA DOULEUR:

DURÉES DES SYMPTÔMES:

FACTEURS DÉCLANCHANTS:

AUTRES OBSERVATIONS:

LOCALISATION 7:

INTENSITÉ DE LA DOULEUR (1 À10) :

DESCRIPTION DE LA DOULEUR:

DURÉES DES SYMPTÔMES:

FACTEURS DÉCLANCHANTS:

AUTRES OBSERVATIONS:

LOCALISATION 8:

INTENSITÉ DE LA DOULEUR (1 À10) :

DESCRIPTION DE LA DOULEUR:

DURÉES DES SYMPTÔMES:

FACTEURS DÉCLANCHANTS:

AUTRES OBSERVATIONS:

SUIVI DES SYMPTÔMES

DATE :   HEURE:

NOTES::

NOTES:

NOTES:

SEMAINE

DATE :   HEURE:
_____

OBJECTIFS DE MA SEMAINE:
_____
_____
_____
_____

PRIORITÉES:
_____
_____
_____
_____

ACTIVITÉS PRÉVUES:
_____
_____
_____
_____

Activités Physiques

DATE : _____ HEURE: _____

ACTIVITÉES PHYSIQUES :
_____
_____
_____
_____

COMMENT JE ME SUIS SENTI(E) PENDANT L'ACTIVITÉ :
_____
_____
_____
_____

COMMENT JE ME SENS APRÈS:
_____
_____
_____
_____

Alimentation du jour

DATE :   HEURE:

REPAS DU MATIN

REPAS DU MIDI

REPAS DU SOIR

ENCAS

Les Aliments

DATE :   HEURE:
_____

ALIMENTS À PRÉVILÉGIER:
_____
_____
_____
_____

ALIMENTS À ÉVITER:
_____
_____
_____
_____

ALIMENTS EN FAIBLE QUANTITÉ :
_____
_____
_____
_____

Suivi Alimentation & Symptômes

DATE : _____

Symtômes

Alimentation	Ballonnement	Douleurs	Nausées	Fatigue	Ventre Gonflé	Constipation	Diarrhée
_____	○	○	○	○	○	○	○
_____	○	○	○	○	○	○	○
_____	○	○	○	○	○	○	○
_____	○	○	○	○	○	○	○
_____	○	○	○	○	○	○	○
_____	○	○	○	○	○	○	○
_____	○	○	○	○	○	○	○
_____	○	○	○	○	○	○	○
_____	○	○	○	○	○	○	○

NOTES : _____

Ma Routine Du Jour

Matin

	LUN	MAR	MER	JEU	VEN	SAM	DIM
_____	○	○	○	○	○	○	○
_____	○	○	○	○	○	○	○
_____	○	○	○	○	○	○	○
_____	○	○	○	○	○	○	○
_____	○	○	○	○	○	○	○

Après-Midi

	LUN	MAR	MER	JEU	VEN	SAM	DIM
_____	○	○	○	○	○	○	○
_____	○	○	○	○	○	○	○
_____	○	○	○	○	○	○	○
_____	○	○	○	○	○	○	○
_____	○	○	○	○	○	○	○

Soirée

	LUN	MAR	MER	JEU	VEN	SAM	DIM
_____	○	○	○	○	○	○	○
_____	○	○	○	○	○	○	○
_____	○	○	○	○	○	○	○
_____	○	○	○	○	○	○	○
_____	○	○	○	○	○	○	○

MÉTÉO DU JOUR

DATE: /   /

1. AUJOURD'HUI, JE SUIS RECONNAISSANTE DE:

2.

3.

COMMENT TU TE SENS AUJOURD'HUI?

MOOD DU JOUR

ANGRY   TIRED   SAD   HAPPY   EXCITED

NOTES

AFFIRMATION DU JOUR

JOURNAL DU JOUR

DATE: /   /

ENERGIE: /10

STRESS: /10

APPÉTIT: /10

DIGESTION: /10

MÉDICAMENTS

QUALITÉ DU SOMMEIL

HEURES DE SOMMEIL :

ACTIVITÉES DE LA JOURNÉE

HYDRATATION

ACTIVITÉ PHYSIQUE

JOURNAL DU JOUR

DATE: /   /

QUELLE PETITE VICTOIRE AI-JE ACCOMPLIE AUJOURD'HUI?

....
....
....

MOMENT HEUREUX DE LA JOURNÉE

....
....
....
....
....

COMMENT ADAPTER MA JOURNÉE

....
....
....
....
....

MES PENSÉES DU JOUR

DATE: / /

BOCAL DES PENSÉES POSITIVES

5 MINUTES DE JOURNALING

Suivi des symptômes

DATE :   HEURE:

UTILISEZ LE SCHÉMA CI-DESSOUS POUR LOCALISER VOS DOULEURS :

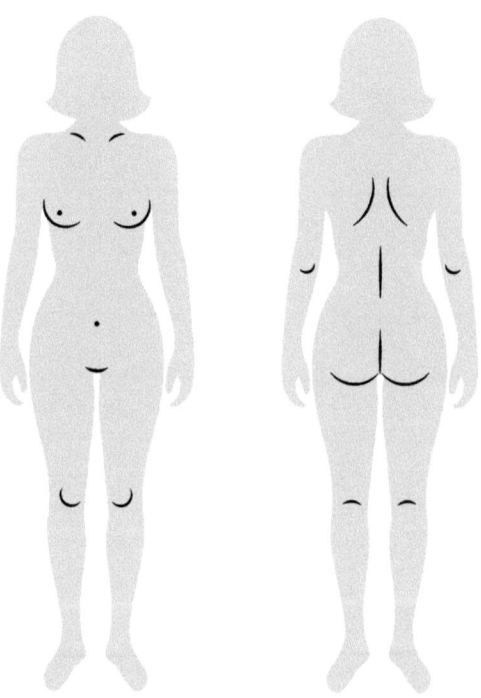

LOCALISATION 1:   LOCALISATION 2:

INTENSITÉ DE LA DOULEUR (1 À10) :   INTENSITÉ DE LA DOULEUR (1 À10) :

DESCRIPTION DE LA DOULEUR: DESCRIPTION DE LA DOULEUR:

DURÉES DES SYMPTÔMES: DURÉES DES SYMPTÔMES:

FACTEURS DÉCLANCHANTS: FACTEURS DÉCLANCHANTS:

AUTRES OBSERVATIONS: AUTRES OBSERVATIONS:

Suivi des symptômes

DATE :   HEURE :

LOCALISATION 3 :
INTENSITÉ DE LA DOULEUR (1 À 10) :
DESCRIPTION DE LA DOULEUR :
DURÉES DES SYMPTÔMES :
FACTEURS DÉCLANCHANTS :
AUTRES OBSERVATIONS :

LOCALISATION 4 :
INTENSITÉ DE LA DOULEUR (1 À 10) :
DESCRIPTION DE LA DOULEUR :
DURÉES DES SYMPTÔMES :
FACTEURS DÉCLANCHANTS :
AUTRES OBSERVATIONS :

LOCALISATION 5 :
INTENSITÉ DE LA DOULEUR (1 À 10) :
DESCRIPTION DE LA DOULEUR :
DURÉES DES SYMPTÔMES :
FACTEURS DÉCLANCHANTS :
AUTRES OBSERVATIONS :

LOCALISATION 6 :
INTENSITÉ DE LA DOULEUR (1 À 10) :
DESCRIPTION DE LA DOULEUR :
DURÉES DES SYMPTÔMES :
FACTEURS DÉCLANCHANTS :
AUTRES OBSERVATIONS :

LOCALISATION 7 :
INTENSITÉ DE LA DOULEUR (1 À 10) :
DESCRIPTION DE LA DOULEUR :
DURÉES DES SYMPTÔMES :
FACTEURS DÉCLANCHANTS :
AUTRES OBSERVATIONS :

LOCALISATION 8 :
INTENSITÉ DE LA DOULEUR (1 À 10) :
DESCRIPTION DE LA DOULEUR :
DURÉES DES SYMPTÔMES :
FACTEURS DÉCLANCHANTS :
AUTRES OBSERVATIONS :

Suivi des symptômes

DATE :   HEURE:

NOTES::

NOTES:

NOTES:

SEMAINE

DATE :   HEURE:
_____

OBJECTIFS DE MA SEMAINE:
_____
_____
_____
_____

PRIORITÉES:
_____
_____
_____
_____

ACTIVITÉS PRÉVUES:
_____
_____
_____
_____

ACTIVITÉS PHYSIQUES

DATE :   HEURE:

ACTIVITÉES PHYSIQUES :

COMMENT JE ME SUIS SENTI(E) PENDANT L'ACTIVITÉ :

COMMENT JE ME SENS APRÈS:

Alimentation du jour

DATE :   HEURE:

REPAS DU MATIN

REPAS DU MIDI

REPAS DU SOIR

ENCAS

Les Aliments

DATE :   HEURE:
_____

ALIMENTS À PRÉVILÉGIER:
_____
_____
_____
_____

ALIMENTS À ÉVITER:
_____
_____
_____
_____

ALIMENTS EN FAIBLE QUANTITÉ :
_____
_____
_____
_____

Suivi Alimentation & Symptômes

DATE :

Symtômes

Alimentation	Ballonnement	Douleurs	Nausées	Fatigue	Ventre Gonflé	Constipation	Diarrhée
_____	○	○	○	○	○	○	○
_____	○	○	○	○	○	○	○
_____	○	○	○	○	○	○	○
_____	○	○	○	○	○	○	○
_____	○	○	○	○	○	○	○
_____	○	○	○	○	○	○	○
_____	○	○	○	○	○	○	○
_____	○	○	○	○	○	○	○
_____	○	○	○	○	○	○	○

NOTES :

Ma Routine Du Jour

Matin

	LUN	MAR	MER	JEU	VEN	SAM	DIM
_____	○	○	○	○	○	○	○
_____	○	○	○	○	○	○	○
_____	○	○	○	○	○	○	○
_____	○	○	○	○	○	○	○
_____	○	○	○	○	○	○	○

Après-Midi

	LUN	MAR	MER	JEU	VEN	SAM	DIM
_____	○	○	○	○	○	○	○
_____	○	○	○	○	○	○	○
_____	○	○	○	○	○	○	○
_____	○	○	○	○	○	○	○
_____	○	○	○	○	○	○	○

Soirée

	LUN	MAR	MER	JEU	VEN	SAM	DIM
_____	○	○	○	○	○	○	○
_____	○	○	○	○	○	○	○
_____	○	○	○	○	○	○	○
_____	○	○	○	○	○	○	○
_____	○	○	○	○	○	○	○

MÉTÉO DU JOUR

DATE: /   /

1. AUJOURD'HUI, JE SUIS RECONNAISSANTE DE:
2. ....
3. ....
   ....

MOOD DU JOUR

😠 　　 😒 　　 ☹️ 　　 🙂 　　 😂
ANGRY 　 TIRED 　 SAD 　 HAPPY 　 EXCITED

COMMENT TU TE SENS AUJOURD'HUI?

NOTES

AFFIRMATION DU JOUR

JOURNAL DU JOUR

DATE: /   /

ENERGIE: /10

STRESS: /10

APPÉTIT: /10

DIGESTION: /10

MÉDICAMENTS

QUALITÉ DU SOMMEIL

HEURES DE SOMMEIL :

HYDRATATION

ACTIVITÉES DE LA JOURNÉE

ACTIVITÉ PHYSIQUE

JOURNAL DU JOUR

DATE: /   /

QUELLE PETITE VICTOIRE AI-JE ACCOMPLIE AUJOURD'HUI?

....
....
....

MOMENT HEUREUX DE LA JOURNÉE

....
....
....
....
....

COMMENT ADAPTER MA JOURNÉE

....
....
....
....
....

MES PENSÉES DU JOUR

DATE: /   /

BOCAL DES PENSÉES POSITIVES

5 MINUTES DE JOURNALING

SUIVI DES SYMPTÔMES

DATE :   HEURE:

UTILISEZ LE SCHÉMA CI-DESSOUS POUR LOCALISER VOS DOULEURS :

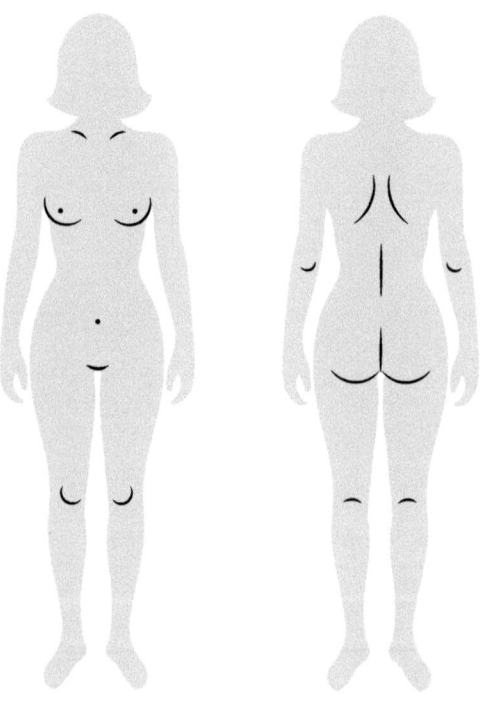

LOCALISATION 1:

INTENSITÉ DE LA DOULEUR (1 À10) :

DESCRIPTION DE LA DOULEUR:

DURÉES DES SYMPTÔMES:

FACTEURS DÉCLANCHANTS:

AUTRES OBSERVATIONS:

LOCALISATION 2:

INTENSITÉ DE LA DOULEUR (1 À10) :

DESCRIPTION DE LA DOULEUR:

DURÉES DES SYMPTÔMES:

FACTEURS DÉCLANCHANTS:

AUTRES OBSERVATIONS:

Suivi des symptômes

DATE : _____ HEURE: _____

LOCALISATION 3: _____
INTENSITÉ DE LA DOULEUR (1 À10) : _____
DESCRIPTION DE LA DOULEUR: _____
DURÉES DES SYMPTÔMES: _____
FACTEURS DÉCLANCHANTS: _____
AUTRES OBSERVATIONS: _____

LOCALISATION 4: _____
INTENSITÉ DE LA DOULEUR (1 À10) : _____
DESCRIPTION DE LA DOULEUR: _____
DURÉES DES SYMPTÔMES: _____
FACTEURS DÉCLANCHANTS: _____
AUTRES OBSERVATIONS: _____

LOCALISATION 5: _____
INTENSITÉ DE LA DOULEUR (1 À10) : _____
DESCRIPTION DE LA DOULEUR: _____
DURÉES DES SYMPTÔMES: _____
FACTEURS DÉCLANCHANTS: _____
AUTRES OBSERVATIONS: _____

LOCALISATION 6: _____
INTENSITÉ DE LA DOULEUR (1 À10) : _____
DESCRIPTION DE LA DOULEUR: _____
DURÉES DES SYMPTÔMES: _____
FACTEURS DÉCLANCHANTS: _____
AUTRES OBSERVATIONS: _____

LOCALISATION 7: _____
INTENSITÉ DE LA DOULEUR (1 À10) : _____
DESCRIPTION DE LA DOULEUR: _____
DURÉES DES SYMPTÔMES: _____
FACTEURS DÉCLANCHANTS: _____
AUTRES OBSERVATIONS: _____

LOCALISATION 8: _____
INTENSITÉ DE LA DOULEUR (1 À10) : _____
DESCRIPTION DE LA DOULEUR: _____
DURÉES DES SYMPTÔMES: _____
FACTEURS DÉCLANCHANTS: _____
AUTRES OBSERVATIONS: _____

Suivi des symptômes

DATE : HEURE:

NOTES::

NOTES:

NOTES:

SEMAINE

DATE :   HEURE:

OBJECTIFS DE MA SEMAINE:

PRIORITÉES:

ACTIVITÉS PRÉVUES:

Activités Physiques

DATE : HEURE:

ACTIVITÉES PHYSIQUES :

COMMENT JE ME SUIS SENTI(E) PENDANT L'ACTIVITÉ :

COMMENT JE ME SENS APRÈS:

Alimentation du jour

DATE :   HEURE:

REPAS DU MATIN

REPAS DU MIDI

REPAS DU SOIR

ENCAS

Les Aliments

DATE :   HEURE:
_____

ALIMENTS À PRÉVILÉGIER:
_____
_____
_____
_____

ALIMENTS À ÉVITER:
_____
_____
_____
_____

ALIMENTS EN FAIBLE QUANTITÉ :
_____
_____
_____
_____

Suivi Alimentation & Symptômes

DATE :

Symtômes

Alimentation	Ballonnement	Douleurs	Nausées	Fatigue	Ventre Gonflé	Constipation	Diarrhée
_____	○	○	○	○	○	○	○
_____	○	○	○	○	○	○	○
_____	○	○	○	○	○	○	○
_____	○	○	○	○	○	○	○
_____	○	○	○	○	○	○	○
_____	○	○	○	○	○	○	○
_____	○	○	○	○	○	○	○
_____	○	○	○	○	○	○	○
_____	○	○	○	○	○	○	○

NOTES :

Ma Routine Du Jour

Matin

	LUN	MAR	MER	JEU	VEN	SAM	DIM
_____	○	○	○	○	○	○	○
_____	○	○	○	○	○	○	○
_____	○	○	○	○	○	○	○
_____	○	○	○	○	○	○	○
_____	○	○	○	○	○	○	○

Après-Midi

	LUN	MAR	MER	JEU	VEN	SAM	DIM
_____	○	○	○	○	○	○	○
_____	○	○	○	○	○	○	○
_____	○	○	○	○	○	○	○
_____	○	○	○	○	○	○	○
_____	○	○	○	○	○	○	○

Soirée

	LUN	MAR	MER	JEU	VEN	SAM	DIM
_____	○	○	○	○	○	○	○
_____	○	○	○	○	○	○	○
_____	○	○	○	○	○	○	○
_____	○	○	○	○	○	○	○
_____	○	○	○	○	○	○	○

MÉTÉO DU JOUR

DATE: /   /

1. AUJOURD'HUI, JE SUIS RECONNAISSANTE DE:
2. ....
3. ....
   ....

MOOD DU JOUR

😠 ANGRY 😑 TIRED ☹️ SAD 🙂 HAPPY 😂 EXCITED

COMMENT TU TE SENS AUJOURD'HUI?

NOTES

AFFIRMATION DU JOUR

JOURNAL DU JOUR

DATE: /   /

ENERGIE: /10

STRESS: /10

APPÉTIT: /10

DIGESTION: /10

MÉDICAMENTS

QUALITÉ DU SOMMEIL

HEURES DE SOMMEIL :

HYDRATATION

ACTIVITÉES DE LA JOURNÉE

ACTIVITÉ PHYSIQUE

JOURNAL DU JOUR

DATE: /   /

QUELLE PETITE VICTOIRE AI-JE ACCOMPLIE AUJOURD'HUI?

....

....

....

MOMENT HEUREUX DE LA JOURNÉE

....

....

....

....

....

COMMENT ADAPTER MA JOURNÉE

....

....

....

....

....

MES PENSÉES DU JOUR

DATE: /   /

BOCAL DES PENSÉES POSITIVES

5 MINUTES DE JOURNALING

Suivi des symptômes

DATE :   HEURE:

UTILISEZ LE SCHÉMA CI-DESSOUS POUR LOCALISER VOS DOULEURS :

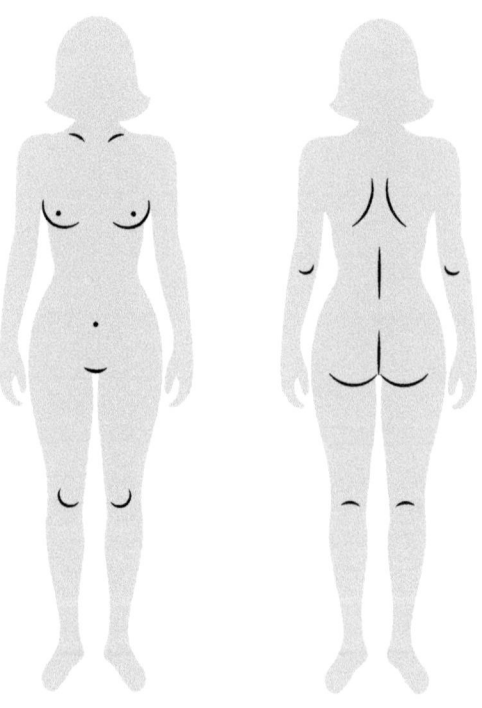

LOCALISATION 1:

INTENSITÉ DE LA DOULEUR (1 À10) :

DESCRIPTION DE LA DOULEUR:

DURÉES DES SYMPTÔMES:

FACTEURS DÉCLANCHANTS:

AUTRES OBSERVATIONS:

LOCALISATION 2:

INTENSITÉ DE LA DOULEUR (1 À10) :

DESCRIPTION DE LA DOULEUR:

DURÉES DES SYMPTÔMES:

FACTEURS DÉCLANCHANTS:

AUTRES OBSERVATIONS:

Suivi des symptômes

DATE : HEURE:

LOCALISATION 3:
INTENSITÉ DE LA DOULEUR (1 À10) :
DESCRIPTION DE LA DOULEUR:
DURÉES DES SYMPTÔMES:
FACTEURS DÉCLANCHANTS:
AUTRES OBSERVATIONS:

LOCALISATION 4:
INTENSITÉ DE LA DOULEUR (1 À10) :
DESCRIPTION DE LA DOULEUR:
DURÉES DES SYMPTÔMES:
FACTEURS DÉCLANCHANTS:
AUTRES OBSERVATIONS:

LOCALISATION 5:
INTENSITÉ DE LA DOULEUR (1 À10) :
DESCRIPTION DE LA DOULEUR:
DURÉES DES SYMPTÔMES:
FACTEURS DÉCLANCHANTS:
AUTRES OBSERVATIONS:

LOCALISATION 6:
INTENSITÉ DE LA DOULEUR (1 À10) :
DESCRIPTION DE LA DOULEUR:
DURÉES DES SYMPTÔMES:
FACTEURS DÉCLANCHANTS:
AUTRES OBSERVATIONS:

LOCALISATION 7:
INTENSITÉ DE LA DOULEUR (1 À10) :
DESCRIPTION DE LA DOULEUR:
DURÉES DES SYMPTÔMES:
FACTEURS DÉCLANCHANTS:
AUTRES OBSERVATIONS:

LOCALISATION 8:
INTENSITÉ DE LA DOULEUR (1 À10) :
DESCRIPTION DE LA DOULEUR:
DURÉES DES SYMPTÔMES:
FACTEURS DÉCLANCHANTS:
AUTRES OBSERVATIONS:

Suivi des symptômes

DATE :   HEURE:

NOTES::

NOTES:

NOTES:

Semaine

DATE :   HEURE:

OBJECTIFS DE MA SEMAINE:

PRIORITÉES:

ACTIVITÉS PRÉVUES:

Activités Physiques

DATE : HEURE:

ACTIVITÉES PHYSIQUES :

COMMENT JE ME SUIS SENTI(E) PENDANT L'ACTIVITÉ :

COMMENT JE ME SENS APRÈS:

Alimentation du jour

DATE :   HEURE:

REPAS DU MATIN

REPAS DU MIDI

REPAS DU SOIR

ENCAS

Les Aliments

DATE :   HEURE:
_____

ALIMENTS À PRÉVILÉGIER:
_____
_____
_____
_____

ALIMENTS À ÉVITER:
_____
_____
_____
_____

ALIMENTS EN FAIBLE QUANTITÉ :
_____
_____
_____
_____

Suivi Alimentation & Symptômes

DATE :

Symtômes

Alimentation	Ballonnement	Douleurs	Nausées	Fatigue	Ventre Gonflé	Constipation	Diarrhée
_____	○	○	○	○	○	○	○
_____	○	○	○	○	○	○	○
_____	○	○	○	○	○	○	○
_____	○	○	○	○	○	○	○
_____	○	○	○	○	○	○	○
_____	○	○	○	○	○	○	○
_____	○	○	○	○	○	○	○
_____	○	○	○	○	○	○	○
_____	○	○	○	○	○	○	○

NOTES :

Ma Routine Du Jour

Matin

	LUN	MAR	MER	JEU	VEN	SAM	DIM
_____	○	○	○	○	○	○	○
_____	○	○	○	○	○	○	○
_____	○	○	○	○	○	○	○
_____	○	○	○	○	○	○	○
_____	○	○	○	○	○	○	○

Après-Midi

	LUN	MAR	MER	JEU	VEN	SAM	DIM
_____	○	○	○	○	○	○	○
_____	○	○	○	○	○	○	○
_____	○	○	○	○	○	○	○
_____	○	○	○	○	○	○	○
_____	○	○	○	○	○	○	○

Soirée

	LUN	MAR	MER	JEU	VEN	SAM	DIM
_____	○	○	○	○	○	○	○
_____	○	○	○	○	○	○	○
_____	○	○	○	○	○	○	○
_____	○	○	○	○	○	○	○
_____	○	○	○	○	○	○	○

MÉTÉO DU JOUR

DATE: /   /

1. AUJOURD'HUI, JE SUIS RECONNAISSANTE DE:

2.

3.

MOOD DU JOUR

ANGRY   TIRED   SAD   HAPPY   EXCITED

COMMENT TU TE SENS AUJOURD'HUI?

NOTES

AFFIRMATION DU JOUR

JOURNAL DU JOUR

DATE: /   /

ENERGIE: /10

STRESS: /10

APPÉTIT: /10

DIGESTION: /10

MÉDICAMENTS

HYDRATATION

QUALITÉ DU SOMMEIL

HEURES DE SOMMEIL :

ACTIVITÉES DE LA JOURNÉE

ACTIVITÉ PHYSIQUE

JOURNAL DU JOUR

DATE: /   /

QUELLE PETITE VICTOIRE AI-JE ACCOMPLIE AUJOURD'HUI?

....
....
....

MOMENT HEUREUX DE LA JOURNÉE

....
....
....
....
....

COMMENT ADAPTER MA JOURNÉE

....
....
....
....
....

MES PENSÉES DU JOUR

DATE: /   /

BOCAL DES PENSÉES POSITIVES

5 MINUTES DE JOURNALING

Suivi des symptômes

DATE :   HEURE:

UTILISEZ LE SCHÉMA CI-DESSOUS POUR LOCALISER VOS DOULEURS :

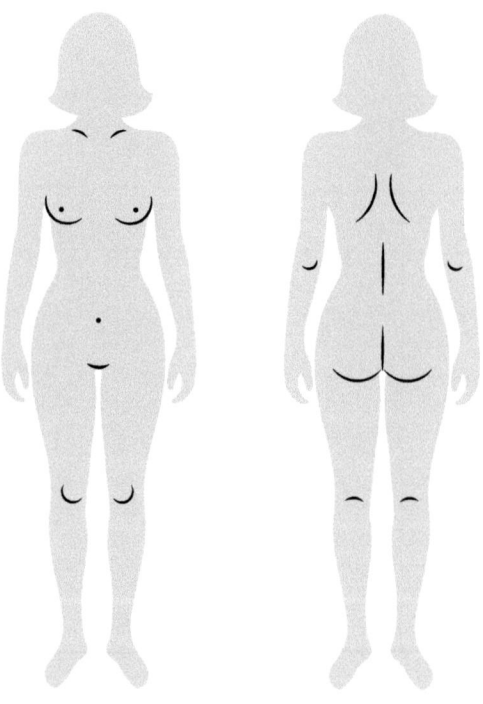

LOCALISATION 1:

INTENSITÉ DE LA DOULEUR (1 À10) :

DESCRIPTION DE LA DOULEUR:

DURÉES DES SYMPTÔMES:

FACTEURS DÉCLANCHANTS:

AUTRES OBSERVATIONS:

LOCALISATION 2:

INTENSITÉ DE LA DOULEUR (1 À10) :

DESCRIPTION DE LA DOULEUR:

DURÉES DES SYMPTÔMES:

FACTEURS DÉCLANCHANTS:

AUTRES OBSERVATIONS:

SUIVI DES SYMPTÔMES

DATE :   HEURE:

LOCALISATION 3:
INTENSITÉ DE LA DOULEUR (1 À10) :
DESCRIPTION DE LA DOULEUR:
DURÉES DES SYMPTÔMES:
FACTEURS DÉCLANCHANTS:
AUTRES OBSERVATIONS:

LOCALISATION 4:
INTENSITÉ DE LA DOULEUR (1 À10) :
DESCRIPTION DE LA DOULEUR:
DURÉES DES SYMPTÔMES:
FACTEURS DÉCLANCHANTS:
AUTRES OBSERVATIONS:

LOCALISATION 5:
INTENSITÉ DE LA DOULEUR (1 À10) :
DESCRIPTION DE LA DOULEUR:
DURÉES DES SYMPTÔMES:
FACTEURS DÉCLANCHANTS:
AUTRES OBSERVATIONS:

LOCALISATION 6:
INTENSITÉ DE LA DOULEUR (1 À10) :
DESCRIPTION DE LA DOULEUR:
DURÉES DES SYMPTÔMES:
FACTEURS DÉCLANCHANTS:
AUTRES OBSERVATIONS:

LOCALISATION 7:
INTENSITÉ DE LA DOULEUR (1 À10) :
DESCRIPTION DE LA DOULEUR:
DURÉES DES SYMPTÔMES:
FACTEURS DÉCLANCHANTS:
AUTRES OBSERVATIONS:

LOCALISATION 8:
INTENSITÉ DE LA DOULEUR (1 À10) :
DESCRIPTION DE LA DOULEUR:
DURÉES DES SYMPTÔMES:
FACTEURS DÉCLANCHANTS:
AUTRES OBSERVATIONS:

Suivi des symptômes

DATE :   HEURE:

NOTES::

NOTES:

NOTES:

Semaine

DATE :   HEURE:
_____   _____

OBJECTIFS DE MA SEMAINE:
_____
_____
_____
_____

PRIORITÉES:
_____
_____
_____
_____

ACTIVITÉS PRÉVUES:
_____
_____
_____
_____

Activités Physiques

DATE :   HEURE:

ACTIVITÉES PHYSIQUES :

COMMENT JE ME SUIS SENTI(E) PENDANT L'ACTIVITÉ :

COMMENT JE ME SENS APRÈS:

Alimentation du jour

DATE :   HEURE:

REPAS DU MATIN

REPAS DU MIDI

REPAS DU SOIR

ENCAS

Les Aliments

DATE :   HEURE:

ALIMENTS À PRÉVILÉGIER:

ALIMENTS À ÉVITER:

ALIMENTS EN FAIBLE QUANTITÉ :

Suivi Alimentation & Symptômes

DATE :

ALIMENTATION	Ballonnement	Douleurs	Nausées	Fatigue	Ventre Gonflé	Constipation	Diarrhée
_____	○	○	○	○	○	○	○
_____	○	○	○	○	○	○	○
_____	○	○	○	○	○	○	○
_____	○	○	○	○	○	○	○
_____	○	○	○	○	○	○	○
_____	○	○	○	○	○	○	○
_____	○	○	○	○	○	○	○
_____	○	○	○	○	○	○	○
_____	○	○	○	○	○	○	○

NOTES :

Ma Routine Du Jour

Matin

	LUN	MAR	MER	JEU	VEN	SAM	DIM
_____	○	○	○	○	○	○	○
_____	○	○	○	○	○	○	○
_____	○	○	○	○	○	○	○
_____	○	○	○	○	○	○	○
_____	○	○	○	○	○	○	○

Après-Midi

	LUN	MAR	MER	JEU	VEN	SAM	DIM
_____	○	○	○	○	○	○	○
_____	○	○	○	○	○	○	○
_____	○	○	○	○	○	○	○
_____	○	○	○	○	○	○	○
_____	○	○	○	○	○	○	○

Soirée

	LUN	MAR	MER	JEU	VEN	SAM	DIM
_____	○	○	○	○	○	○	○
_____	○	○	○	○	○	○	○
_____	○	○	○	○	○	○	○
_____	○	○	○	○	○	○	○
_____	○	○	○	○	○	○	○

MÉTÉO DU JOUR

DATE: /   /

¹AUJOURD'HUI, JE SUIS RECONNAISSANTE DE:

2.

3.

MOOD DU JOUR

ANGRY TIRED SAD HAPPY EXCITED

COMMENT TU TE SENS AUJOURD'HUI?

NOTES

AFFIRMATION DU JOUR

JOURNAL DU JOUR

DATE: /   /

ENERGIE: /10

STRESS: /10

APPÉTIT: /10

DIGESTION: /10

MÉDICAMENTS

HYDRATATION

QUALITÉ DU SOMMEIL

HEURES DE SOMMEIL :

ACTIVITÉES DE LA JOURNÉE

ACTIVITÉ PHYSIQUE

JOURNAL DU JOUR

DATE: /   /

QUELLE PETITE VICTOIRE AI-JE ACCOMPLIE AUJOURD'HUI?

....
....
....

MOMENT HEUREUX DE LA JOURNÉE

....
....
....
....
....

COMMENT ADAPTER MA JOURNÉE

....
....
....
....

MES PENSÉES DU JOUR

DATE: /   /

BOCAL DES PENSÉES POSITIVES

5 MINUTES DE JOURNALING

SUIVI DES SYMPTÔMES

DATE :   HEURE:

UTILISEZ LE SCHÉMA CI-DESSOUS POUR LOCALISER VOS DOULEURS :

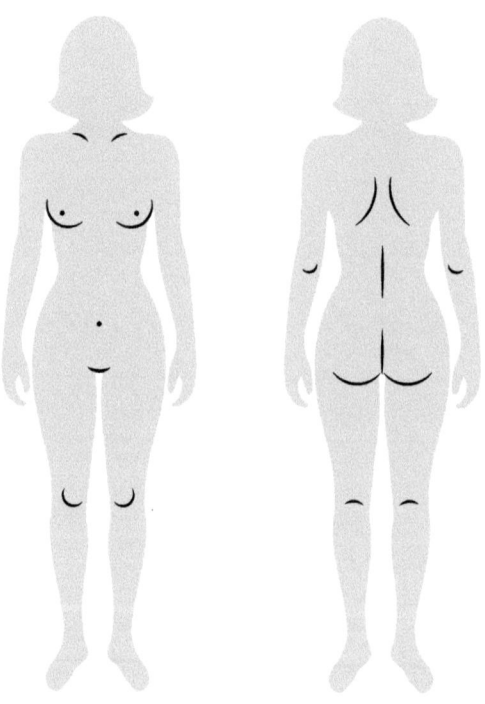

LOCALISATION 1:

INTENSITÉ DE LA DOULEUR (1 À10) :

DESCRIPTION DE LA DOULEUR:

DURÉES DES SYMPTÔMES:

FACTEURS DÉCLANCHANTS:

AUTRES OBSERVATIONS:

LOCALISATION 2:

INTENSITÉ DE LA DOULEUR (1 À10) :

DESCRIPTION DE LA DOULEUR:

DURÉES DES SYMPTÔMES:

FACTEURS DÉCLANCHANTS:

AUTRES OBSERVATIONS:

Suivi des symptômes

DATE :   HEURE:

LOCALISATION 3:
INTENSITÉ DE LA DOULEUR (1 À 10) :
DESCRIPTION DE LA DOULEUR:
DURÉES DES SYMPTÔMES:
FACTEURS DÉCLANCHANTS:
AUTRES OBSERVATIONS:

LOCALISATION 4:
INTENSITÉ DE LA DOULEUR (1 À 10) :
DESCRIPTION DE LA DOULEUR:
DURÉES DES SYMPTÔMES:
FACTEURS DÉCLANCHANTS:
AUTRES OBSERVATIONS:

LOCALISATION 5:
INTENSITÉ DE LA DOULEUR (1 À 10) :
DESCRIPTION DE LA DOULEUR:
DURÉES DES SYMPTÔMES:
FACTEURS DÉCLANCHANTS:
AUTRES OBSERVATIONS:

LOCALISATION 6:
INTENSITÉ DE LA DOULEUR (1 À 10) :
DESCRIPTION DE LA DOULEUR:
DURÉES DES SYMPTÔMES:
FACTEURS DÉCLANCHANTS:
AUTRES OBSERVATIONS:

LOCALISATION 7:
INTENSITÉ DE LA DOULEUR (1 À 10) :
DESCRIPTION DE LA DOULEUR:
DURÉES DES SYMPTÔMES:
FACTEURS DÉCLANCHANTS:
AUTRES OBSERVATIONS:

LOCALISATION 8:
INTENSITÉ DE LA DOULEUR (1 À 10) :
DESCRIPTION DE LA DOULEUR:
DURÉES DES SYMPTÔMES:
FACTEURS DÉCLANCHANTS:
AUTRES OBSERVATIONS:

Suivi des symptômes

DATE :   HEURE:

NOTES::

NOTES:

NOTES:

Semaine

DATE :   HEURE:
_____

OBJECTIFS DE MA SEMAINE:
_____
_____
_____
_____

PRIORITÉES:
_____
_____
_____
_____

ACTIVITÉS PRÉVUES:
_____
_____
_____
_____

Activités Physiques

DATE :					HEURE:

ACTIVITÉES PHYSIQUES :

COMMENT JE ME SUIS SENTI(E) PENDANT L'ACTIVITÉ :

COMMENT JE ME SENS APRÈS:

Alimentation du jour

DATE :　　　　　　　　HEURE:

REPAS DU MATIN

REPAS DU MIDI

REPAS DU SOIR

ENCAS

Les Aliments

DATE :   HEURE :

ALIMENTS À PRÉVILÉGIER :

ALIMENTS À ÉVITER :

ALIMENTS EN FAIBLE QUANTITÉ :

Suivi Alimentation & Symptômes

DATE : _____

Symtômes

Alimentation	Ballonnement	Douleurs	Nausées	Fatigue	Ventre Gonflé	Constipation	Diarrhée
_____	○	○	○	○	○	○	○
_____	○	○	○	○	○	○	○
_____	○	○	○	○	○	○	○
_____	○	○	○	○	○	○	○
_____	○	○	○	○	○	○	○
_____	○	○	○	○	○	○	○
_____	○	○	○	○	○	○	○
_____	○	○	○	○	○	○	○
_____	○	○	○	○	○	○	○

NOTES : _____

Ma Routine Du Jour

Matin

	LUN	MAR	MER	JEU	VEN	SAM	DIM
	○	○	○	○	○	○	○
	○	○	○	○	○	○	○
	○	○	○	○	○	○	○
	○	○	○	○	○	○	○
	○	○	○	○	○	○	○

Après-Midi

	LUN	MAR	MER	JEU	VEN	SAM	DIM
	○	○	○	○	○	○	○
	○	○	○	○	○	○	○
	○	○	○	○	○	○	○
	○	○	○	○	○	○	○
	○	○	○	○	○	○	○

Soirée

	LUN	MAR	MER	JEU	VEN	SAM	DIM
	○	○	○	○	○	○	○
	○	○	○	○	○	○	○
	○	○	○	○	○	○	○
	○	○	○	○	○	○	○
	○	○	○	○	○	○	○

MÉTÉO DU JOUR

DATE: /   /

1. AUJOURD'HUI, JE SUIS RECONNAISSANTE DE:

2.

3.

MOOD DU JOUR

😠 ANGRY   😐 TIRED   ☹ SAD   🙂 HAPPY   😆 EXCITED

COMMENT TU TE SENS AUJOURD'HUI?

NOTES

AFFIRMATION DU JOUR

JOURNAL DU JOUR

DATE: /   /

ENERGIE: /10

STRESS: /10

APPÉTIT: /10

DIGESTION: /10

MÉDICAMENTS

QUALITÉ DU SOMMEIL

HEURES DE SOMMEIL :

HYDRATATION

ACTIVITÉES DE LA JOURNÉE

ACTIVITÉ PHYSIQUE

JOURNAL DU JOUR

DATE: /   /

QUELLE PETITE VICTOIRE AI-JE ACCOMPLIE AUJOURD'HUI?

....

....

....

MOMENT HEUREUX DE LA JOURNÉE

....

....

....

....

COMMENT ADAPTER MA JOURNÉE

....

....

....

....

....

MES PENSÉES DU JOUR

DATE: /   /

BOCAL DES PENSÉES POSITIVES

5 MINUTES DE JOURNALING

Suivi des symptômes

DATE :   HEURE:

UTILISEZ LE SCHÉMA CI-DESSOUS POUR LOCALISER VOS DOULEURS :

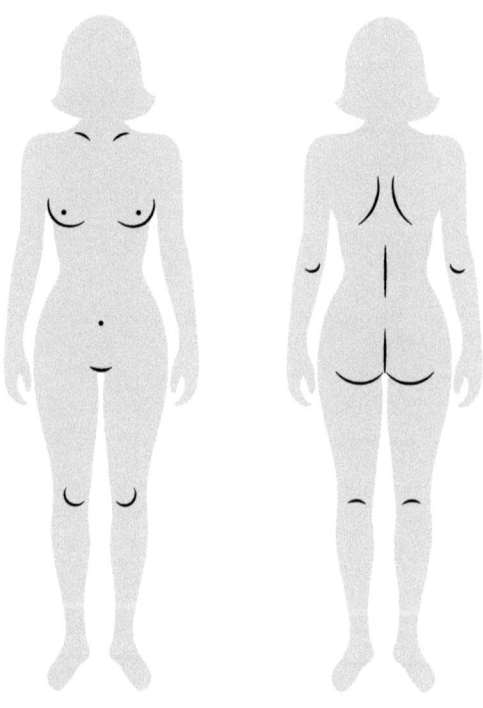

LOCALISATION 1:

INTENSITÉ DE LA DOULEUR (1 À10) :

DESCRIPTION DE LA DOULEUR:

DURÉES DES SYMPTÔMES:

FACTEURS DÉCLANCHANTS:

AUTRES OBSERVATIONS:

LOCALISATION 2:

INTENSITÉ DE LA DOULEUR (1 À10) :

DESCRIPTION DE LA DOULEUR:

DURÉES DES SYMPTÔMES:

FACTEURS DÉCLANCHANTS:

AUTRES OBSERVATIONS:

Suivi des symptômes

DATE :   HEURE:

LOCALISATION 3:
INTENSITÉ DE LA DOULEUR (1 À10) :
DESCRIPTION DE LA DOULEUR:
DURÉES DES SYMPTÔMES:
FACTEURS DÉCLANCHANTS:
AUTRES OBSERVATIONS:

LOCALISATION 4:
INTENSITÉ DE LA DOULEUR (1 À10) :
DESCRIPTION DE LA DOULEUR:
DURÉES DES SYMPTÔMES:
FACTEURS DÉCLANCHANTS:
AUTRES OBSERVATIONS:

LOCALISATION 5:
INTENSITÉ DE LA DOULEUR (1 À10) :
DESCRIPTION DE LA DOULEUR:
DURÉES DES SYMPTÔMES:
FACTEURS DÉCLANCHANTS:
AUTRES OBSERVATIONS:

LOCALISATION 6:
INTENSITÉ DE LA DOULEUR (1 À10) :
DESCRIPTION DE LA DOULEUR:
DURÉES DES SYMPTÔMES:
FACTEURS DÉCLANCHANTS:
AUTRES OBSERVATIONS:

LOCALISATION 7:
INTENSITÉ DE LA DOULEUR (1 À10) :
DESCRIPTION DE LA DOULEUR:
DURÉES DES SYMPTÔMES:
FACTEURS DÉCLANCHANTS:
AUTRES OBSERVATIONS:

LOCALISATION 8:
INTENSITÉ DE LA DOULEUR (1 À10) :
DESCRIPTION DE LA DOULEUR:
DURÉES DES SYMPTÔMES:
FACTEURS DÉCLANCHANTS:
AUTRES OBSERVATIONS:

Suivi des symptômes

DATE :   HEURE:

NOTES::

NOTES:

NOTES:

SEMAINE

DATE :   HEURE:

OBJECTIFS DE MA SEMAINE:

PRIORITÉES:

ACTIVITÉS PRÉVUES:

ACTIVITÉS PHYSIQUES

DATE :   HEURE:

ACTIVITÉES PHYSIQUES :

COMMENT JE ME SUIS SENTI(E) PENDANT L'ACTIVITÉ :

COMMENT JE ME SENS APRÈS:

Alimentation du jour

DATE :   HEURE:

REPAS DU MATIN

REPAS DU MIDI

REPAS DU SOIR

ENCAS

Les Aliments

DATE :　　　　　　　　　　HEURE:

ALIMENTS À PRÉVILÉGIER:

ALIMENTS À ÉVITER:

ALIMENTS EN FAIBLE QUANTITÉ :

Suivi Alimentation & Symptômes

DATE :

Symtômes

Alimentation	Ballonnement	Douleurs	Nausées	Fatigue	Ventre Gonflé	Constipation	Diarrhée
_____	○	○	○	○	○	○	○
_____	○	○	○	○	○	○	○
_____	○	○	○	○	○	○	○
_____	○	○	○	○	○	○	○
_____	○	○	○	○	○	○	○
_____	○	○	○	○	○	○	○
_____	○	○	○	○	○	○	○
_____	○	○	○	○	○	○	○
_____	○	○	○	○	○	○	○

NOTES :

Ma Routine Du Jour

Matin

	LUN	MAR	MER	JEU	VEN	SAM	DIM
_____	○	○	○	○	○	○	○
_____	○	○	○	○	○	○	○
_____	○	○	○	○	○	○	○
_____	○	○	○	○	○	○	○
_____	○	○	○	○	○	○	○

Après-Midi

	LUN	MAR	MER	JEU	VEN	SAM	DIM
_____	○	○	○	○	○	○	○
_____	○	○	○	○	○	○	○
_____	○	○	○	○	○	○	○
_____	○	○	○	○	○	○	○
_____	○	○	○	○	○	○	○

Soirée

	LUN	MAR	MER	JEU	VEN	SAM	DIM
_____	○	○	○	○	○	○	○
_____	○	○	○	○	○	○	○
_____	○	○	○	○	○	○	○
_____	○	○	○	○	○	○	○
_____	○	○	○	○	○	○	○

Planning semaine

DATE :

LUNDI	MARDI	MERCREDI

JEUDI	VENDREDI	SAMEDI

DIMANCHE

NOTES:

MÉTÉO DU JOUR

DATE: /   /

1. AUJOURD'HUI, JE SUIS RECONNAISSANTE DE:
2.
3.

MOOD DU JOUR

😠 ANGRY   😐 TIRED   ☹️ SAD   🙂 HAPPY   😆 EXCITED

COMMENT TU TE SENS AUJOURD'HUI?

NOTES

AFFIRMATION DU JOUR

JOURNAL DU JOUR

DATE: /   /

ENERGIE: /10

STRESS: /10

APPÉTIT: /10

DIGESTION: /10

MÉDICAMENTS

QUALITÉ DU SOMMEIL

HEURES DE SOMMEIL :

HYDRATATION

ACTIVITÉES DE LA JOURNÉE

ACTIVITÉ PHYSIQUE

JOURNAL DU JOUR

DATE: /   /

QUELLE PETITE VICTOIRE AI-JE ACCOMPLIE AUJOURD'HUI?

....
....
....

MOMENT HEUREUX DE LA JOURNÉE

....
....
....
....
....

COMMENT ADAPTER MA JOURNÉE

....
....
....
....

MES PENSÉES DU JOUR

DATE: / /

BOCAL DES PENSÉES POSITIVES

5 MINUTES DE JOURNALING

Suivi des symptômes

DATE :   HEURE:

UTILISEZ LE SCHÉMA CI-DESSOUS POUR LOCALISER VOS DOULEURS :

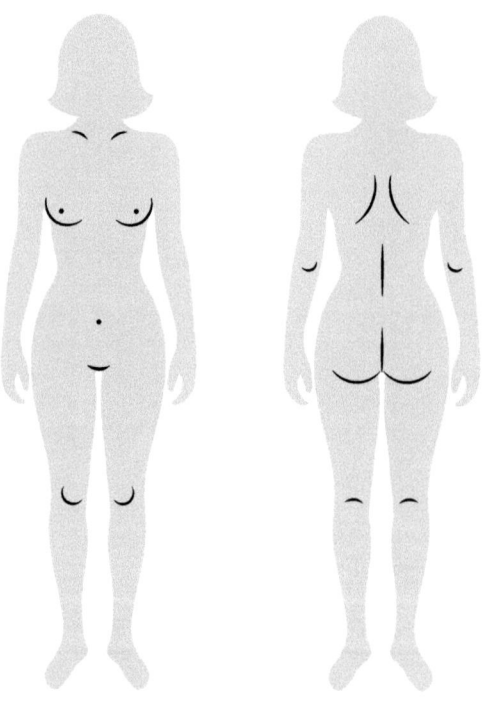

LOCALISATION 1:

INTENSITÉ DE LA DOULEUR (1 À10) :

DESCRIPTION DE LA DOULEUR:

DURÉES DES SYMPTÔMES:

FACTEURS DÉCLANCHANTS:

AUTRES OBSERVATIONS:

LOCALISATION 2:

INTENSITÉ DE LA DOULEUR (1 À10) :

DESCRIPTION DE LA DOULEUR:

DURÉES DES SYMPTÔMES:

FACTEURS DÉCLANCHANTS:

AUTRES OBSERVATIONS:

Suivi des symptômes

DATE : _____   HEURE: _____

LOCALISATION 3:
INTENSITÉ DE LA DOULEUR (1 À10) :
DESCRIPTION DE LA DOULEUR:
DURÉES DES SYMPTÔMES:
FACTEURS DÉCLANCHANTS:
AUTRES OBSERVATIONS:

LOCALISATION 4:
INTENSITÉ DE LA DOULEUR (1 À10) :
DESCRIPTION DE LA DOULEUR:
DURÉES DES SYMPTÔMES:
FACTEURS DÉCLANCHANTS:
AUTRES OBSERVATIONS:

LOCALISATION 5:
INTENSITÉ DE LA DOULEUR (1 À10) :
DESCRIPTION DE LA DOULEUR:
DURÉES DES SYMPTÔMES:
FACTEURS DÉCLANCHANTS:
AUTRES OBSERVATIONS:

LOCALISATION 6:
INTENSITÉ DE LA DOULEUR (1 À10) :
DESCRIPTION DE LA DOULEUR:
DURÉES DES SYMPTÔMES:
FACTEURS DÉCLANCHANTS:
AUTRES OBSERVATIONS:

LOCALISATION 7:
INTENSITÉ DE LA DOULEUR (1 À10) :
DESCRIPTION DE LA DOULEUR:
DURÉES DES SYMPTÔMES:
FACTEURS DÉCLANCHANTS:
AUTRES OBSERVATIONS:

LOCALISATION 8:
INTENSITÉ DE LA DOULEUR (1 À10) :
DESCRIPTION DE LA DOULEUR:
DURÉES DES SYMPTÔMES:
FACTEURS DÉCLANCHANTS:
AUTRES OBSERVATIONS:

Suivi des symptômes

DATE :　　　　　　　　　　　HEURE:

NOTES::

NOTES:

NOTES:

SEMAINE

DATE :   HEURE:
_____

OBJECTIFS DE MA SEMAINE:
_____
_____
_____
_____

PRIORITÉES:
_____
_____
_____
_____

ACTIVITÉS PRÉVUES:
_____
_____
_____
_____
_____

Activités Physiques

DATE :   HEURE:
_____

ACTIVITÉES PHYSIQUES :
_____
_____
_____
_____

COMMENT JE ME SUIS SENTI(E) PENDANT L'ACTIVITÉ :
_____
_____
_____
_____

COMMENT JE ME SENS APRÈS:
_____
_____
_____
_____

Alimentation du jour

DATE :   HEURE:

REPAS DU MATIN

REPAS DU MIDI

REPAS DU SOIR

ENCAS

Les Aliments

DATE :   HEURE:
_____

ALIMENTS À PRÉVILÉGIER:
_____
_____
_____
_____
_____

ALIMENTS À ÉVITER:
_____
_____
_____
_____
_____

ALIMENTS EN FAIBLE QUANTITÉ :
_____
_____
_____
_____
_____

Suivi Alimentation & Symptômes

DATE :

Symtômes

Alimentation	Ballonnement	Douleurs	Nausées	Fatigue	Ventre Gonflé	Constipation	Diarrhée
_____	○	○	○	○	○	○	○
_____	○	○	○	○	○	○	○
_____	○	○	○	○	○	○	○
_____	○	○	○	○	○	○	○
_____	○	○	○	○	○	○	○
_____	○	○	○	○	○	○	○
_____	○	○	○	○	○	○	○
_____	○	○	○	○	○	○	○
_____	○	○	○	○	○	○	○

NOTES :

Ma Routine Du Jour

Matin

	LUN	MAR	MER	JEU	VEN	SAM	DIM
_____	○	○	○	○	○	○	○
_____	○	○	○	○	○	○	○
_____	○	○	○	○	○	○	○
_____	○	○	○	○	○	○	○
_____	○	○	○	○	○	○	○

Après-Midi

	LUN	MAR	MER	JEU	VEN	SAM	DIM
_____	○	○	○	○	○	○	○
_____	○	○	○	○	○	○	○
_____	○	○	○	○	○	○	○
_____	○	○	○	○	○	○	○
_____	○	○	○	○	○	○	○

Soirée

	LUN	MAR	MER	JEU	VEN	SAM	DIM
_____	○	○	○	○	○	○	○
_____	○	○	○	○	○	○	○
_____	○	○	○	○	○	○	○
_____	○	○	○	○	○	○	○
_____	○	○	○	○	○	○	○

MÉTÉO DU JOUR

DATE: /   /

1. AUJOURD'HUI, JE SUIS RECONNAISSANTE DE:
2.
3.

MOOD DU JOUR

ANGRY   TIRED   SAD   HAPPY   EXCITED

COMMENT TU TE SENS AUJOURD'HUI?

NOTES

AFFIRMATION DU JOUR

JOURNAL DU JOUR

DATE: /   /

ENERGIE: /10

STRESS: /10

APPÉTIT: /10

DIGESTION: /10

MÉDICAMENTS

QUALITÉ DU SOMMEIL

HEURES DE SOMMEIL :

HYDRATATION

ACTIVITÉES DE LA JOURNÉE

ACTIVITÉ PHYSIQUE

JOURNAL DU JOUR

DATE: /   /

QUELLE PETITE VICTOIRE AI-JE ACCOMPLIE AUJOURD'HUI?

....
....
....

MOMENT HEUREUX DE LA JOURNÉE

....
....
....
....
....

COMMENT ADAPTER MA JOURNÉE

....
....
....
....
....

MES PENSÉES DU JOUR

DATE: /   /

BOCAL DES PENSÉES POSITIVES

5 MINUTES DE JOURNALING

SUIVI DES SYMPTÔMES

DATE :   HEURE:

UTILISEZ LE SCHÉMA CI-DESSOUS POUR LOCALISER VOS DOULEURS :

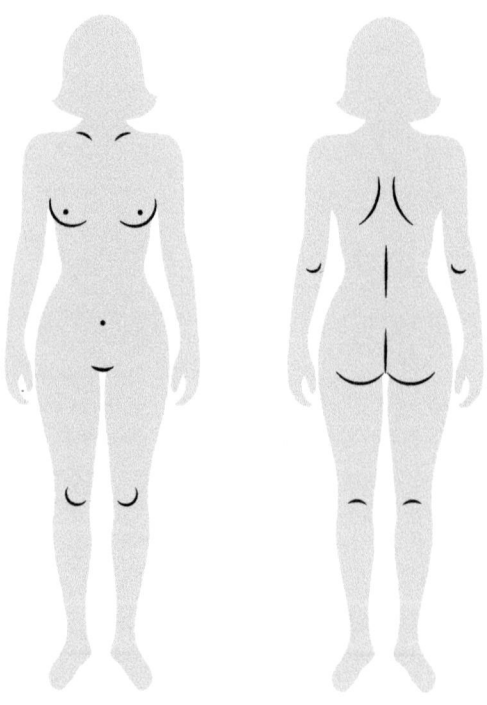

LOCALISATION 1:

INTENSITÉ DE LA DOULEUR (1 À10) :

DESCRIPTION DE LA DOULEUR:

DURÉES DES SYMPTÔMES:

FACTEURS DÉCLANCHANTS:

AUTRES OBSERVATIONS:

LOCALISATION 2:

INTENSITÉ DE LA DOULEUR (1 À10) :

DESCRIPTION DE LA DOULEUR:

DURÉES DES SYMPTÔMES:

FACTEURS DÉCLANCHANTS:

AUTRES OBSERVATIONS:

Suivi des symptômes

DATE : _____ HEURE: _____

LOCALISATION 3: _____
INTENSITÉ DE LA DOULEUR (1 À10) : _____
DESCRIPTION DE LA DOULEUR: _____
DURÉES DES SYMPTÔMES: _____
FACTEURS DÉCLANCHANTS: _____
AUTRES OBSERVATIONS: _____
_____

LOCALISATION 4: _____
INTENSITÉ DE LA DOULEUR (1 À10) : _____
DESCRIPTION DE LA DOULEUR: _____
DURÉES DES SYMPTÔMES: _____
FACTEURS DÉCLANCHANTS: _____
AUTRES OBSERVATIONS: _____
_____

LOCALISATION 5: _____
INTENSITÉ DE LA DOULEUR (1 À10) : _____
DESCRIPTION DE LA DOULEUR: _____
DURÉES DES SYMPTÔMES: _____
FACTEURS DÉCLANCHANTS: _____
AUTRES OBSERVATIONS: _____
_____

LOCALISATION 6: _____
INTENSITÉ DE LA DOULEUR (1 À10) : _____
DESCRIPTION DE LA DOULEUR: _____
DURÉES DES SYMPTÔMES: _____
FACTEURS DÉCLANCHANTS: _____
AUTRES OBSERVATIONS: _____
_____

LOCALISATION 7: _____
INTENSITÉ DE LA DOULEUR (1 À10) : _____
DESCRIPTION DE LA DOULEUR: _____
DURÉES DES SYMPTÔMES: _____
FACTEURS DÉCLANCHANTS: _____
AUTRES OBSERVATIONS: _____
_____

LOCALISATION 8: _____
INTENSITÉ DE LA DOULEUR (1 À10) : _____
DESCRIPTION DE LA DOULEUR: _____
DURÉES DES SYMPTÔMES: _____
FACTEURS DÉCLANCHANTS: _____
AUTRES OBSERVATIONS: _____
_____

Suivi des symptômes

DATE :   HEURE:

NOTES::

NOTES:

NOTES:

Semaine

DATE :							HEURE:

OBJECTIFS DE MA SEMAINE:

PRIORITÉES:

ACTIVITÉS PRÉVUES:

Activités Physiques

DATE :   HEURE:

ACTIVITÉES PHYSIQUES :

COMMENT JE ME SUIS SENTI(E) PENDANT L'ACTIVITÉ :

COMMENT JE ME SENS APRÈS:

Alimentation du jour

DATE :   HEURE:

REPAS DU MATIN

REPAS DU MIDI

REPAS DU SOIR

ENCAS

Les Aliments

DATE :   HEURE:
_____

ALIMENTS À PRÉVILÉGIER:
_____
_____
_____
_____

ALIMENTS À ÉVITER:
_____
_____
_____
_____

ALIMENTS EN FAIBLE QUANTITÉ :
_____
_____
_____
_____

Suivi Alimentation & Symptômes

DATE :

Symtômes

Alimentation	Ballonnement	Douleurs	Nausées	Fatigue	Ventre Gonflé	Constipation	Diarrhée
_____	○	○	○	○	○	○	○
_____	○	○	○	○	○	○	○
_____	○	○	○	○	○	○	○
_____	○	○	○	○	○	○	○
_____	○	○	○	○	○	○	○
_____	○	○	○	○	○	○	○
_____	○	○	○	○	○	○	○
_____	○	○	○	○	○	○	○
_____	○	○	○	○	○	○	○

NOTES :

Ma Routine Du Jour

Matin

	LUN	MAR	MER	JEU	VEN	SAM	DIM
_____	○	○	○	○	○	○	○
_____	○	○	○	○	○	○	○
_____	○	○	○	○	○	○	○
_____	○	○	○	○	○	○	○
_____	○	○	○	○	○	○	○

Après-Midi

	LUN	MAR	MER	JEU	VEN	SAM	DIM
_____	○	○	○	○	○	○	○
_____	○	○	○	○	○	○	○
_____	○	○	○	○	○	○	○
_____	○	○	○	○	○	○	○
_____	○	○	○	○	○	○	○

Soirée

	LUN	MAR	MER	JEU	VEN	SAM	DIM
_____	○	○	○	○	○	○	○
_____	○	○	○	○	○	○	○
_____	○	○	○	○	○	○	○
_____	○	○	○	○	○	○	○
_____	○	○	○	○	○	○	○

MÉTÉO DU JOUR

DATE: /   /

1. AUJOURD'HUI, JE SUIS RECONNAISSANTE DE:

2. ....

3. ....

MOOD DU JOUR

☹ 😕 😐 🙂 😂
ANGRY TIRED SAD HAPPY EXCITED

COMMENT TU TE SENS AUJOURD'HUI?

NOTES

AFFIRMATION DU JOUR

JOURNAL DU JOUR

DATE: /   /

ENERGIE: /10

STRESS: /10

APPÉTIT: /10

DIGESTION: /10

MÉDICAMENTS

QUALITÉ DU SOMMEIL

HEURES DE SOMMEIL :

HYDRATATION

ACTIVITÉES DE LA JOURNÉE

ACTIVITÉ PHYSIQUE

JOURNAL DU JOUR

DATE: /   /

QUELLE PETITE VICTOIRE AI-JE ACCOMPLIE AUJOURD'HUI?

....
....
....

MOMENT HEUREUX DE LA JOURNÉE

....
....
....
....
....

COMMENT ADAPTER MA JOURNÉE

....
....
....
....
....

MES PENSÉES DU JOUR

DATE: /   /

BOCAL DES PENSÉES POSITIVES

5 MINUTES DE JOURNALING

Suivi des symptômes

DATE :   HEURE:

UTILISEZ LE SCHÉMA CI-DESSOUS POUR LOCALISER VOS DOULEURS :

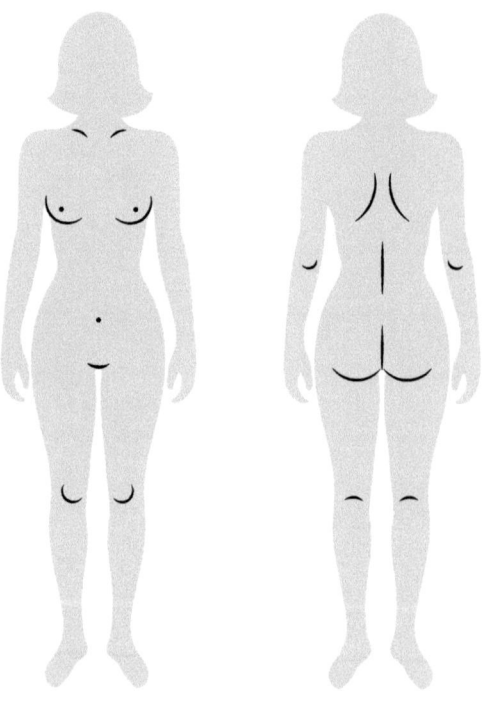

LOCALISATION 1:

INTENSITÉ DE LA DOULEUR (1 À10) :

DESCRIPTION DE LA DOULEUR:

DURÉES DES SYMPTÔMES:

FACTEURS DÉCLANCHANTS:

AUTRES OBSERVATIONS:

LOCALISATION 2:

INTENSITÉ DE LA DOULEUR (1 À10) :

DESCRIPTION DE LA DOULEUR:

DURÉES DES SYMPTÔMES:

FACTEURS DÉCLANCHANTS:

AUTRES OBSERVATIONS:

Suivi des symptômes

DATE :   HEURE:

LOCALISATION 3:

INTENSITÉ DE LA DOULEUR (1 À10) :

DESCRIPTION DE LA DOULEUR:

DURÉES DES SYMPTÔMES:

FACTEURS DÉCLANCHANTS:

AUTRES OBSERVATIONS:

LOCALISATION 4:

INTENSITÉ DE LA DOULEUR (1 À10) :

DESCRIPTION DE LA DOULEUR:

DURÉES DES SYMPTÔMES:

FACTEURS DÉCLANCHANTS:

AUTRES OBSERVATIONS:

LOCALISATION 5:

INTENSITÉ DE LA DOULEUR (1 À10) :

DESCRIPTION DE LA DOULEUR:

DURÉES DES SYMPTÔMES:

FACTEURS DÉCLANCHANTS:

AUTRES OBSERVATIONS:

LOCALISATION 6:

INTENSITÉ DE LA DOULEUR (1 À10) :

DESCRIPTION DE LA DOULEUR:

DURÉES DES SYMPTÔMES:

FACTEURS DÉCLANCHANTS:

AUTRES OBSERVATIONS:

LOCALISATION 7:

INTENSITÉ DE LA DOULEUR (1 À10) :

DESCRIPTION DE LA DOULEUR:

DURÉES DES SYMPTÔMES:

FACTEURS DÉCLANCHANTS:

AUTRES OBSERVATIONS:

LOCALISATION 8:

INTENSITÉ DE LA DOULEUR (1 À10) :

DESCRIPTION DE LA DOULEUR:

DURÉES DES SYMPTÔMES:

FACTEURS DÉCLANCHANTS:

AUTRES OBSERVATIONS:

Suivi des symptômes

DATE :   HEURE:

NOTES::

NOTES:

NOTES:

Semaine

DATE : HEURE:

OBJECTIFS DE MA SEMAINE:

PRIORITÉES:

ACTIVITÉS PRÉVUES:

Activités Physiques

DATE :　　　　　　　　　　　　HEURE:

ACTIVITÉES PHYSIQUES :

COMMENT JE ME SUIS SENTI(E) PENDANT L'ACTIVITÉ :

COMMENT JE ME SENS APRÈS:

Alimentation du jour

DATE :   HEURE:

REPAS DU MATIN

REPAS DU MIDI

REPAS DU SOIR

ENCAS

Les Aliments

DATE :   HEURE :

ALIMENTS À PRÉVILÉGIER :

ALIMENTS À ÉVITER :

ALIMENTS EN FAIBLE QUANTITÉ :

Suivi Alimentation & Symptômes

DATE :

Symtômes

Alimentation	Ballonnement	Douleurs	Nausées	Fatigue	Ventre Gonflé	Constipation	Diarrhée
_____	○	○	○	○	○	○	○
_____	○	○	○	○	○	○	○
_____	○	○	○	○	○	○	○
_____	○	○	○	○	○	○	○
_____	○	○	○	○	○	○	○
_____	○	○	○	○	○	○	○
_____	○	○	○	○	○	○	○
_____	○	○	○	○	○	○	○
_____	○	○	○	○	○	○	○

NOTES:

Ma Routine Du Jour

Matin

	LUN	MAR	MER	JEU	VEN	SAM	DIM
_____	○	○	○	○	○	○	○
_____	○	○	○	○	○	○	○
_____	○	○	○	○	○	○	○
_____	○	○	○	○	○	○	○
_____	○	○	○	○	○	○	○

Après-Midi

	LUN	MAR	MER	JEU	VEN	SAM	DIM
_____	○	○	○	○	○	○	○
_____	○	○	○	○	○	○	○
_____	○	○	○	○	○	○	○
_____	○	○	○	○	○	○	○
_____	○	○	○	○	○	○	○

Soirée

	LUN	MAR	MER	JEU	VEN	SAM	DIM
_____	○	○	○	○	○	○	○
_____	○	○	○	○	○	○	○
_____	○	○	○	○	○	○	○
_____	○	○	○	○	○	○	○
_____	○	○	○	○	○	○	○

MÉTÉO DU JOUR

DATE: /   /

¹AUJOURD'HUI, JE SUIS RECONNAISSANTE DE:

2.

3.

MOOD DU JOUR

😠 😟 😐 🙂 😂
ANGRY TIRED SAD HAPPY EXCITED

COMMENT TU TE SENS AUJOURD'HUI?

NOTES

AFFIRMATION DU JOUR

JOURNAL DU JOUR

DATE: /   /

ENERGIE: /10

STRESS: /10

APPÉTIT: /10

DIGESTION: /10

MÉDICAMENTS

QUALITÉ DU SOMMEIL

HEURES DE SOMMEIL :

HYDRATATION

ACTIVITÉES DE LA JOURNÉE

ACTIVITÉ PHYSIQUE

JOURNAL DU JOUR

DATE: /   /

QUELLE PETITE VICTOIRE AI-JE ACCOMPLIE AUJOURD'HUI?

_____
_____
_____

MOMENT HEUREUX DE LA JOURNÉE

_____
_____
_____
_____
_____

COMMENT ADAPTER MA JOURNÉE

_____
_____
_____
_____
_____

MES PENSÉES DU JOUR

DATE: /   /

BOCAL DES PENSÉES POSITIVES

5 MINUTES DE JOURNALING

SUIVI DES SYMPTÔMES

DATE :   HEURE:

UTILISEZ LE SCHÉMA CI-DESSOUS POUR LOCALISER VOS DOULEURS :

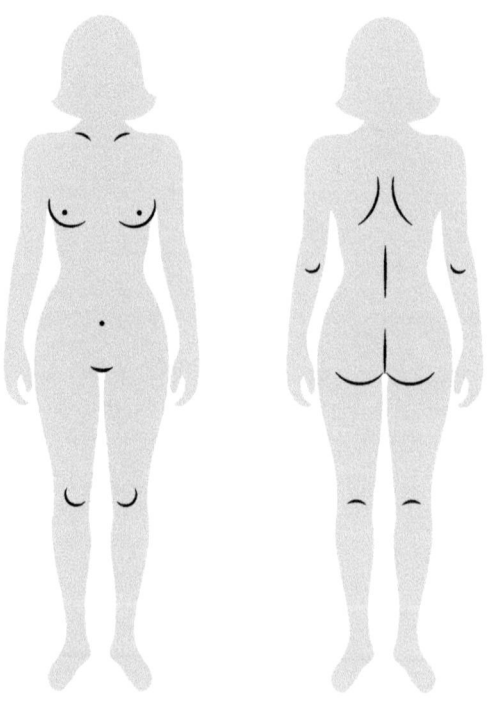

LOCALISATION 1:

INTENSITÉ DE LA DOULEUR (1 À10) :

DESCRIPTION DE LA DOULEUR:

DURÉES DES SYMPTÔMES:

FACTEURS DÉCLANCHANTS:

AUTRES OBSERVATIONS:

LOCALISATION 2:

INTENSITÉ DE LA DOULEUR (1 À10) :

DESCRIPTION DE LA DOULEUR:

DURÉES DES SYMPTÔMES:

FACTEURS DÉCLANCHANTS:

AUTRES OBSERVATIONS:

Suivi des symptômes

DATE :   HEURE:

LOCALISATION 3:
INTENSITÉ DE LA DOULEUR (1 À 10) :
DESCRIPTION DE LA DOULEUR:
DURÉES DES SYMPTÔMES:
FACTEURS DÉCLANCHANTS:
AUTRES OBSERVATIONS:

LOCALISATION 4:
INTENSITÉ DE LA DOULEUR (1 À 10) :
DESCRIPTION DE LA DOULEUR:
DURÉES DES SYMPTÔMES:
FACTEURS DÉCLANCHANTS:
AUTRES OBSERVATIONS:

LOCALISATION 5:
INTENSITÉ DE LA DOULEUR (1 À 10) :
DESCRIPTION DE LA DOULEUR:
DURÉES DES SYMPTÔMES:
FACTEURS DÉCLANCHANTS:
AUTRES OBSERVATIONS:

LOCALISATION 6:
INTENSITÉ DE LA DOULEUR (1 À 10) :
DESCRIPTION DE LA DOULEUR:
DURÉES DES SYMPTÔMES:
FACTEURS DÉCLANCHANTS:
AUTRES OBSERVATIONS:

LOCALISATION 7:
INTENSITÉ DE LA DOULEUR (1 À 10) :
DESCRIPTION DE LA DOULEUR:
DURÉES DES SYMPTÔMES:
FACTEURS DÉCLANCHANTS:
AUTRES OBSERVATIONS:

LOCALISATION 8:
INTENSITÉ DE LA DOULEUR (1 À 10) :
DESCRIPTION DE LA DOULEUR:
DURÉES DES SYMPTÔMES:
FACTEURS DÉCLANCHANTS:
AUTRES OBSERVATIONS:

Suivi des symptômes

DATE :   HEURE:

NOTES::

NOTES:

NOTES:

Semaine

DATE :   HEURE:

OBJECTIFS DE MA SEMAINE:

PRIORITÉES:

ACTIVITÉS PRÉVUES:

Activités Physiques

DATE :   HEURE:

ACTIVITÉES PHYSIQUES :

COMMENT JE ME SUIS SENTI(E) PENDANT L'ACTIVITÉ :

COMMENT JE ME SENS APRÈS:

Alimentation du jour

DATE :   HEURE:

REPAS DU MATIN

REPAS DU MIDI

REPAS DU SOIR

ENCAS

Les Aliments

DATE :   HEURE:
_____

ALIMENTS À PRÉVILÉGIER:
_____
_____
_____
_____

ALIMENTS À ÉVITER:
_____
_____
_____
_____

ALIMENTS EN FAIBLE QUANTITÉ :
_____
_____
_____
_____

Suivi Alimentation & Symptômes

DATE :

Symtômes

Alimentation	Ballonnement	Douleurs	Nausées	Fatigue	Ventre Gonflé	Constipation	Diarrhée
_____	○	○	○	○	○	○	○
_____	○	○	○	○	○	○	○
_____	○	○	○	○	○	○	○
_____	○	○	○	○	○	○	○
_____	○	○	○	○	○	○	○
_____	○	○	○	○	○	○	○
_____	○	○	○	○	○	○	○
_____	○	○	○	○	○	○	○
_____	○	○	○	○	○	○	○

NOTES :

Ma Routine Du Jour

Matin

	LUN	MAR	MER	JEU	VEN	SAM	DIM
_____	○	○	○	○	○	○	○
_____	○	○	○	○	○	○	○
_____	○	○	○	○	○	○	○
_____	○	○	○	○	○	○	○
_____	○	○	○	○	○	○	○

Après-Midi

	LUN	MAR	MER	JEU	VEN	SAM	DIM
_____	○	○	○	○	○	○	○
_____	○	○	○	○	○	○	○
_____	○	○	○	○	○	○	○
_____	○	○	○	○	○	○	○
_____	○	○	○	○	○	○	○

Soirée

	LUN	MAR	MER	JEU	VEN	SAM	DIM
_____	○	○	○	○	○	○	○
_____	○	○	○	○	○	○	○
_____	○	○	○	○	○	○	○
_____	○	○	○	○	○	○	○
_____	○	○	○	○	○	○	○

MÉTÉO DU JOUR

DATE: /   /

1. AUJOURD'HUI, JE SUIS RECONNAISSANTE DE:

2. ....

3. ....

....

MOOD DU JOUR

😠 ANGRY   😑 TIRED   ☹️ SAD   🙂 HAPPY   😂 EXCITED

COMMENT TU TE SENS AUJOURD'HUI?

....
....
....
....
....

NOTES

....
....
....
....

AFFIRMATION DU JOUR

....
....
....
....

JOURNAL DU JOUR

DATE: /   /

ENERGIE: /10

STRESS: /10

APPÉTIT: /10

DIGESTION: /10

MÉDICAMENTS

QUALITÉ DU SOMMEIL

HEURES DE SOMMEIL :

HYDRATATION

ACTIVITÉES DE LA JOURNÉE

ACTIVITÉ PHYSIQUE

JOURNAL DU JOUR

DATE: /   /

QUELLE PETITE VICTOIRE AI-JE ACCOMPLIE AUJOURD'HUI?

....

....

....

MOMENT HEUREUX DE LA JOURNÉE

....

....

....

....

....

COMMENT ADAPTER MA JOURNÉE

....

....

....

....

MES PENSÉES DU JOUR

DATE: / /

BOCAL DES PENSÉES POSITIVES

5 MINUTES DE JOURNALING

Suivi des symptômes

DATE :   HEURE:

UTILISEZ LE SCHÉMA CI-DESSOUS POUR LOCALISER VOS DOULEURS :

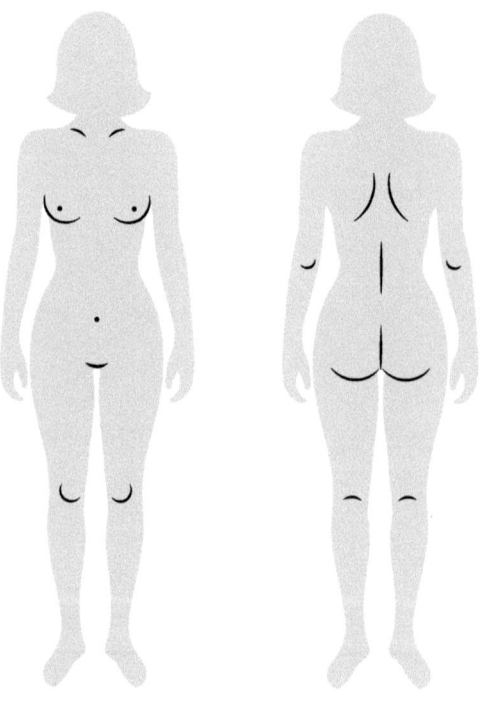

LOCALISATION 1:   LOCALISATION 2:

INTENSITÉ DE LA DOULEUR (1 À10) :   INTENSITÉ DE LA DOULEUR (1 À10) :

DESCRIPTION DE LA DOULEUR: DESCRIPTION DE LA DOULEUR:

DURÉES DES SYMPTÔMES: DURÉES DES SYMPTÔMES:

FACTEURS DÉCLANCHANTS: FACTEURS DÉCLANCHANTS:

AUTRES OBSERVATIONS: AUTRES OBSERVATIONS:

Suivi des symptômes

DATE :   HEURE:

LOCALISATION 3:

INTENSITÉ DE LA DOULEUR (1 À10) :

DESCRIPTION DE LA DOULEUR:

DURÉES DES SYMPTÔMES:

FACTEURS DÉCLANCHANTS:

AUTRES OBSERVATIONS:

LOCALISATION 4:

INTENSITÉ DE LA DOULEUR (1 À10) :

DESCRIPTION DE LA DOULEUR:

DURÉES DES SYMPTÔMES:

FACTEURS DÉCLANCHANTS:

AUTRES OBSERVATIONS:

LOCALISATION 5:

INTENSITÉ DE LA DOULEUR (1 À10) :

DESCRIPTION DE LA DOULEUR:

DURÉES DES SYMPTÔMES:

FACTEURS DÉCLANCHANTS:

AUTRES OBSERVATIONS:

LOCALISATION 6:

INTENSITÉ DE LA DOULEUR (1 À10) :

DESCRIPTION DE LA DOULEUR:

DURÉES DES SYMPTÔMES:

FACTEURS DÉCLANCHANTS:

AUTRES OBSERVATIONS:

LOCALISATION 7:

INTENSITÉ DE LA DOULEUR (1 À10) :

DESCRIPTION DE LA DOULEUR:

DURÉES DES SYMPTÔMES:

FACTEURS DÉCLANCHANTS:

AUTRES OBSERVATIONS:

LOCALISATION 8:

INTENSITÉ DE LA DOULEUR (1 À10) :

DESCRIPTION DE LA DOULEUR:

DURÉES DES SYMPTÔMES:

FACTEURS DÉCLANCHANTS:

AUTRES OBSERVATIONS:

Suivi des symptômes

DATE : _____ HEURE: _____

NOTES::

_____
_____
_____
_____
_____
_____
_____

NOTES:

_____
_____
_____
_____
_____
_____
_____

NOTES:

_____
_____
_____
_____
_____
_____
_____

Semaine

DATE :   HEURE :

OBJECTIFS DE MA SEMAINE:

PRIORITÉES:

ACTIVITÉS PRÉVUES:

Activités Physiques

DATE :   HEURE:
_____

ACTIVITÉES PHYSIQUES :
_____
_____
_____
_____

COMMENT JE ME SUIS SENTI(E) PENDANT L'ACTIVITÉ :
_____
_____
_____
_____

COMMENT JE ME SENS APRÈS:
_____
_____
_____
_____

Alimentation du jour

DATE :   HEURE:

REPAS DU MATIN

REPAS DU MIDI

REPAS DU SOIR

ENCAS

Les Aliments

DATE :   HEURE:

ALIMENTS À PRÉVILÉGIER:

ALIMENTS À ÉVITER:

ALIMENTS EN FAIBLE QUANTITÉ :

Suivi Alimentation & Symptômes

DATE :

Symtômes

Alimentation	Ballonnement	Douleurs	Nausées	Fatigue	Ventre Gonflé	Constipation	Diarrhée
_____	○	○	○	○	○	○	○
_____	○	○	○	○	○	○	○
_____	○	○	○	○	○	○	○
_____	○	○	○	○	○	○	○
_____	○	○	○	○	○	○	○
_____	○	○	○	○	○	○	○
_____	○	○	○	○	○	○	○
_____	○	○	○	○	○	○	○
_____	○	○	○	○	○	○	○

NOTES :

Ma Routine Du Jour

Matin

	LUN	MAR	MER	JEU	VEN	SAM	DIM
___	○	○	○	○	○	○	○
___	○	○	○	○	○	○	○
___	○	○	○	○	○	○	○
___	○	○	○	○	○	○	○
___	○	○	○	○	○	○	○

Après-Midi

	LUN	MAR	MER	JEU	VEN	SAM	DIM
___	○	○	○	○	○	○	○
___	○	○	○	○	○	○	○
___	○	○	○	○	○	○	○
___	○	○	○	○	○	○	○
___	○	○	○	○	○	○	○

Soirée

	LUN	MAR	MER	JEU	VEN	SAM	DIM
___	○	○	○	○	○	○	○
___	○	○	○	○	○	○	○
___	○	○	○	○	○	○	○
___	○	○	○	○	○	○	○
___	○	○	○	○	○	○	○

MÉTÉO DU JOUR

DATE: /   /

1. AUJOURD'HUI, JE SUIS RECONNAISSANTE DE:

2.

3.

MOOD DU JOUR

ANGRY   TIRED   SAD   HAPPY   EXCITED

COMMENT TU TE SENS AUJOURD'HUI?

NOTES

AFFIRMATION DU JOUR

JOURNAL DU JOUR

DATE: /   /

ENERGIE: /10

STRESS: /10

APPÉTIT: /10

DIGESTION: /10

MÉDICAMENTS

QUALITÉ DU SOMMEIL

HEURES DE SOMMEIL :

HYDRATATION

ACTIVITÉES DE LA JOURNÉE

ACTIVITÉ PHYSIQUE

JOURNAL DU JOUR

DATE: /   /

QUELLE PETITE VICTOIRE AI-JE ACCOMPLIE AUJOURD'HUI?

....
....
....

MOMENT HEUREUX DE LA JOURNÉE

....
....
....
....
....

COMMENT ADAPTER MA JOURNÉE

....
....
....
....
....

MES PENSÉES DU JOUR

DATE: / /

BOCAL DES PENSÉES POSITIVES

5 MINUTES DE JOURNALING

Suivi des symptômes

DATE :   HEURE:

UTILISEZ LE SCHÉMA CI-DESSOUS POUR LOCALISER VOS DOULEURS :

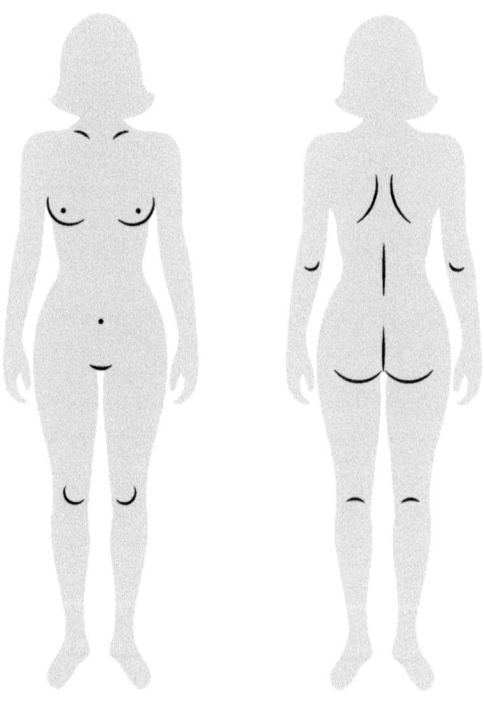

LOCALISATION 1:   LOCALISATION 2:
INTENSITÉ DE LA DOULEUR (1 À10) :   INTENSITÉ DE LA DOULEUR (1 À10) :
DESCRIPTION DE LA DOULEUR: DESCRIPTION DE LA DOULEUR:
DURÉES DES SYMPTÔMES: DURÉES DES SYMPTÔMES:
FACTEURS DÉCLANCHANTS: FACTEURS DÉCLANCHANTS:
AUTRES OBSERVATIONS: AUTRES OBSERVATIONS:

Suivi des symptômes

DATE :   HEURE:

LOCALISATION 3:
INTENSITÉ DE LA DOULEUR (1 À10) :
DESCRIPTION DE LA DOULEUR:
DURÉES DES SYMPTÔMES:
FACTEURS DÉCLANCHANTS:
AUTRES OBSERVATIONS:

LOCALISATION 4:
INTENSITÉ DE LA DOULEUR (1 À10) :
DESCRIPTION DE LA DOULEUR:
DURÉES DES SYMPTÔMES:
FACTEURS DÉCLANCHANTS:
AUTRES OBSERVATIONS:

LOCALISATION 5:
INTENSITÉ DE LA DOULEUR (1 À10) :
DESCRIPTION DE LA DOULEUR:
DURÉES DES SYMPTÔMES:
FACTEURS DÉCLANCHANTS:
AUTRES OBSERVATIONS:

LOCALISATION 6:
INTENSITÉ DE LA DOULEUR (1 À10) :
DESCRIPTION DE LA DOULEUR:
DURÉES DES SYMPTÔMES:
FACTEURS DÉCLANCHANTS:
AUTRES OBSERVATIONS:

LOCALISATION 7:
INTENSITÉ DE LA DOULEUR (1 À10) :
DESCRIPTION DE LA DOULEUR:
DURÉES DES SYMPTÔMES:
FACTEURS DÉCLANCHANTS:
AUTRES OBSERVATIONS:

LOCALISATION 8:
INTENSITÉ DE LA DOULEUR (1 À10) :
DESCRIPTION DE LA DOULEUR:
DURÉES DES SYMPTÔMES:
FACTEURS DÉCLANCHANTS:
AUTRES OBSERVATIONS:

Suivi des symptômes

DATE :   HEURE:

NOTES::

NOTES:

NOTES:

SEMAINE

DATE :   HEURE:
_____

OBJECTIFS DE MA SEMAINE:
_____
_____
_____
_____

PRIORITÉES:
_____
_____
_____
_____

ACTIVITÉS PRÉVUES:
_____
_____
_____
_____

Activités Physiques

DATE :							HEURE:

ACTIVITÉES PHYSIQUES :

COMMENT JE ME SUIS SENTI(E) PENDANT L'ACTIVITÉ :

COMMENT JE ME SENS APRÈS:

Alimentation du jour

DATE : HEURE :

REPAS DU MATIN

REPAS DU MIDI

REPAS DU SOIR

ENCAS

Les Aliments

DATE :   HEURE:
_____

_____
_____

ALIMENTS À PRÉVILÉGIER:
_____
_____
_____
_____

ALIMENTS À ÉVITER:
_____
_____
_____
_____

ALIMENTS EN FAIBLE QUANTITÉ :
_____
_____
_____
_____

Suivi Alimentation & Symptômes

DATE :

Symtômes

Alimentation	Ballonnement	Douleurs	Nausées	Fatigue	Ventre Gonflé	Constipation	Diarrhée
_____	○	○	○	○	○	○	○
_____	○	○	○	○	○	○	○
_____	○	○	○	○	○	○	○
_____	○	○	○	○	○	○	○
_____	○	○	○	○	○	○	○
_____	○	○	○	○	○	○	○
_____	○	○	○	○	○	○	○
_____	○	○	○	○	○	○	○
_____	○	○	○	○	○	○	○

NOTES :

Ma Routine Du Jour

Matin

	LUN	MAR	MER	JEU	VEN	SAM	DIM
___	○	○	○	○	○	○
___	○	○	○	○	○	○
___	○	○	○	○	○	○
___	○	○	○	○	○	○
___	○	○	○	○	○	○

Après-Midi

	LUN	MAR	MER	JEU	VEN	SAM	DIM
___	○	○	○	○	○	○
___	○	○	○	○	○	○
___	○	○	○	○	○	○
___	○	○	○	○	○	○
___	○	○	○	○	○	○

Soirée

	LUN	MAR	MER	JEU	VEN	SAM	DIM
___	○	○	○	○	○	○
___	○	○	○	○	○	○
___	○	○	○	○	○	○
___	○	○	○	○	○	○
___	○	○	○	○	○	○

MÉTÉO DU JOUR

DATE: /   /

1. AUJOURD'HUI, JE SUIS RECONNAISSANTE DE:
2. ....
3. ....
   ....

MOOD DU JOUR

😠 ANGRY   😑 TIRED   ☹️ SAD   🙂 HAPPY   😂 EXCITED

COMMENT TU TE SENS AUJOURD'HUI?

NOTES

AFFIRMATION DU JOUR

JOURNAL DU JOUR

DATE: /   /

ENERGIE: /10

STRESS: /10

APPÉTIT: /10

DIGESTION: /10

MÉDICAMENTS

QUALITÉ DU SOMMEIL

HEURES DE SOMMEIL :

HYDRATATION

ACTIVITÉES DE LA JOURNÉE

ACTIVITÉ PHYSIQUE

JOURNAL DU JOUR

DATE: /   /

QUELLE PETITE VICTOIRE AI-JE ACCOMPLIE AUJOURD'HUI?

....
....
....

MOMENT HEUREUX DE LA JOURNÉE

....
....
....
....
....

COMMENT ADAPTER MA JOURNÉE

....
....
....
....
....

MES PENSÉES DU JOUR

DATE: /   /

BOCAL DES PENSÉES POSITIVES

5 MINUTES DE JOURNALING

Suivi des symptômes

DATE :   HEURE:

UTILISEZ LE SCHÉMA CI-DESSOUS POUR LOCALISER VOS DOULEURS :

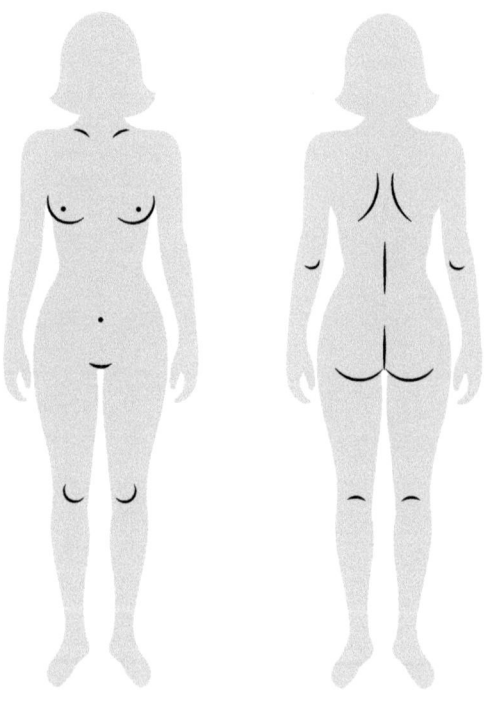

LOCALISATION 1:
INTENSITÉ DE LA DOULEUR (1 À10) :
DESCRIPTION DE LA DOULEUR:
DURÉES DES SYMPTÔMES:
FACTEURS DÉCLANCHANTS:
AUTRES OBSERVATIONS:

LOCALISATION 2:
INTENSITÉ DE LA DOULEUR (1 À10) :
DESCRIPTION DE LA DOULEUR:
DURÉES DES SYMPTÔMES:
FACTEURS DÉCLANCHANTS:
AUTRES OBSERVATIONS:

Suivi des symptômes

DATE :   HEURE:

LOCALISATION 3:
INTENSITÉ DE LA DOULEUR (1 À10) :
DESCRIPTION DE LA DOULEUR:
DURÉES DES SYMPTÔMES:
FACTEURS DÉCLANCHANTS:
AUTRES OBSERVATIONS:

LOCALISATION 4:
INTENSITÉ DE LA DOULEUR (1 À10) :
DESCRIPTION DE LA DOULEUR:
DURÉES DES SYMPTÔMES:
FACTEURS DÉCLANCHANTS:
AUTRES OBSERVATIONS:

LOCALISATION 5:
INTENSITÉ DE LA DOULEUR (1 À10) :
DESCRIPTION DE LA DOULEUR:
DURÉES DES SYMPTÔMES:
FACTEURS DÉCLANCHANTS:
AUTRES OBSERVATIONS:

LOCALISATION 6:
INTENSITÉ DE LA DOULEUR (1 À10) :
DESCRIPTION DE LA DOULEUR:
DURÉES DES SYMPTÔMES:
FACTEURS DÉCLANCHANTS:
AUTRES OBSERVATIONS:

LOCALISATION 7:
INTENSITÉ DE LA DOULEUR (1 À10) :
DESCRIPTION DE LA DOULEUR:
DURÉES DES SYMPTÔMES:
FACTEURS DÉCLANCHANTS:
AUTRES OBSERVATIONS:

LOCALISATION 8:
INTENSITÉ DE LA DOULEUR (1 À10) :
DESCRIPTION DE LA DOULEUR:
DURÉES DES SYMPTÔMES:
FACTEURS DÉCLANCHANTS:
AUTRES OBSERVATIONS:

Suivi des symptômes

DATE : _____   HEURE: _____

NOTES::
_____
_____
_____
_____
_____
_____
_____

NOTES:
_____
_____
_____
_____
_____
_____
_____

NOTES:
_____
_____
_____
_____
_____
_____
_____

SEMAINE

DATE :   HEURE:
_____

OBJECTIFS DE MA SEMAINE:
_____
_____
_____
_____

PRIORITÉES:
_____
_____
_____
_____

ACTIVITÉS PRÉVUES:
_____
_____
_____
_____

ACTIVITÉS PHYSIQUES

DATE :   HEURE:

ACTIVITÉES PHYSIQUES :

COMMENT JE ME SUIS SENTI(E) PENDANT L'ACTIVITÉ :

COMMENT JE ME SENS APRÈS:

Alimentation du jour

DATE :   HEURE:

REPAS DU MATIN

REPAS DU MIDI

REPAS DU SOIR

ENCAS

Les Aliments

DATE :   HEURE:

ALIMENTS À PRÉVILÉGIER:

ALIMENTS À ÉVITER:

ALIMENTS EN FAIBLE QUANTITÉ :

Suivi Alimentation & Symptômes

DATE :

Symtômes

Alimentation	Ballonnement	Douleurs	Nausées	Fatigue	Ventre Gonflé	Constipation	Diarrhée
_____	○	○	○	○	○	○	○
_____	○	○	○	○	○	○	○
_____	○	○	○	○	○	○	○
_____	○	○	○	○	○	○	○
_____	○	○	○	○	○	○	○
_____	○	○	○	○	○	○	○
_____	○	○	○	○	○	○	○
_____	○	○	○	○	○	○	○
_____	○	○	○	○	○	○	○

NOTES:

Ma Routine Du Jour

Matin

	LUN	MAR	MER	JEU	VEN	SAM	DIM
	○	○	○	○	○	○	○
	○	○	○	○	○	○	○
	○	○	○	○	○	○	○
	○	○	○	○	○	○	○
	○	○	○	○	○	○	○

Après-Midi

	LUN	MAR	MER	JEU	VEN	SAM	DIM
	○	○	○	○	○	○	○
	○	○	○	○	○	○	○
	○	○	○	○	○	○	○
	○	○	○	○	○	○	○
	○	○	○	○	○	○	○

Soirée

	LUN	MAR	MER	JEU	VEN	SAM	DIM
	○	○	○	○	○	○	○
	○	○	○	○	○	○	○
	○	○	○	○	○	○	○
	○	○	○	○	○	○	○
	○	○	○	○	○	○	○

Planning semaine

DATE :

LUNDI	MARDI	MERCREDI

JEUDI	VENDREDI	SAMEDI

DIMANCHE

NOTES:

Suivi du sommeil

MOIS: _____

HEURES DE SOMMEIL													NOTES
JOURS	1	2	3	4	5	6	7	8	9	10	11	12	
1	○	○	○	○	○	○	○	○	○	○	○	○	_____
2	○	○	○	○	○	○	○	○	○	○	○	○	_____
3	○	○	○	○	○	○	○	○	○	○	○	○	_____
4	○	○	○	○	○	○	○	○	○	○	○	○	_____
5	○	○	○	○	○	○	○	○	○	○	○	○	_____
6	○	○	○	○	○	○	○	○	○	○	○	○	_____
7	○	○	○	○	○	○	○	○	○	○	○	○	_____
8	○	○	○	○	○	○	○	○	○	○	○	○	_____
9	○	○	○	○	○	○	○	○	○	○	○	○	_____
10	○	○	○	○	○	○	○	○	○	○	○	○	_____
11	○	○	○	○	○	○	○	○	○	○	○	○	_____
12	○	○	○	○	○	○	○	○	○	○	○	○	_____
13	○	○	○	○	○	○	○	○	○	○	○	○	_____
14	○	○	○	○	○	○	○	○	○	○	○	○	_____
15	○	○	○	○	○	○	○	○	○	○	○	○	_____
16	○	○	○	○	○	○	○	○	○	○	○	○	_____
17	○	○	○	○	○	○	○	○	○	○	○	○	_____
18	○	○	○	○	○	○	○	○	○	○	○	○	_____
19	○	○	○	○	○	○	○	○	○	○	○	○	_____
20	○	○	○	○	○	○	○	○	○	○	○	○	_____
21	○	○	○	○	○	○	○	○	○	○	○	○	_____
22	○	○	○	○	○	○	○	○	○	○	○	○	_____
23	○	○	○	○	○	○	○	○	○	○	○	○	_____
24	○	○	○	○	○	○	○	○	○	○	○	○	_____
25	○	○	○	○	○	○	○	○	○	○	○	○	_____
26	○	○	○	○	○	○	○	○	○	○	○	○	_____
27	○	○	○	○	○	○	○	○	○	○	○	○	_____
28	○	○	○	○	○	○	○	○	○	○	○	○	_____
29	○	○	○	○	○	○	○	○	○	○	○	○	_____
30	○	○	○	○	○	○	○	○	○	○	○	○	_____
31	○	○	○	○	○	○	○	○	○	○	○	○	_____

INFORMATIONS COMPLÉMENTAIRES:

_____

_____

Planning Mensuel

JAN   FEV   MAR   AVR   MAI   JUIN   JUI   AOÛT   SEP   OCT   NOV   DEC

01

02   03   04   05   06

07   08   09   10   11

12   13   14   15   16

17   18   19   20   21

22   23   24   25   26

27   28   29   30   31

Mes objectifs du mois

DATE : MOIS:

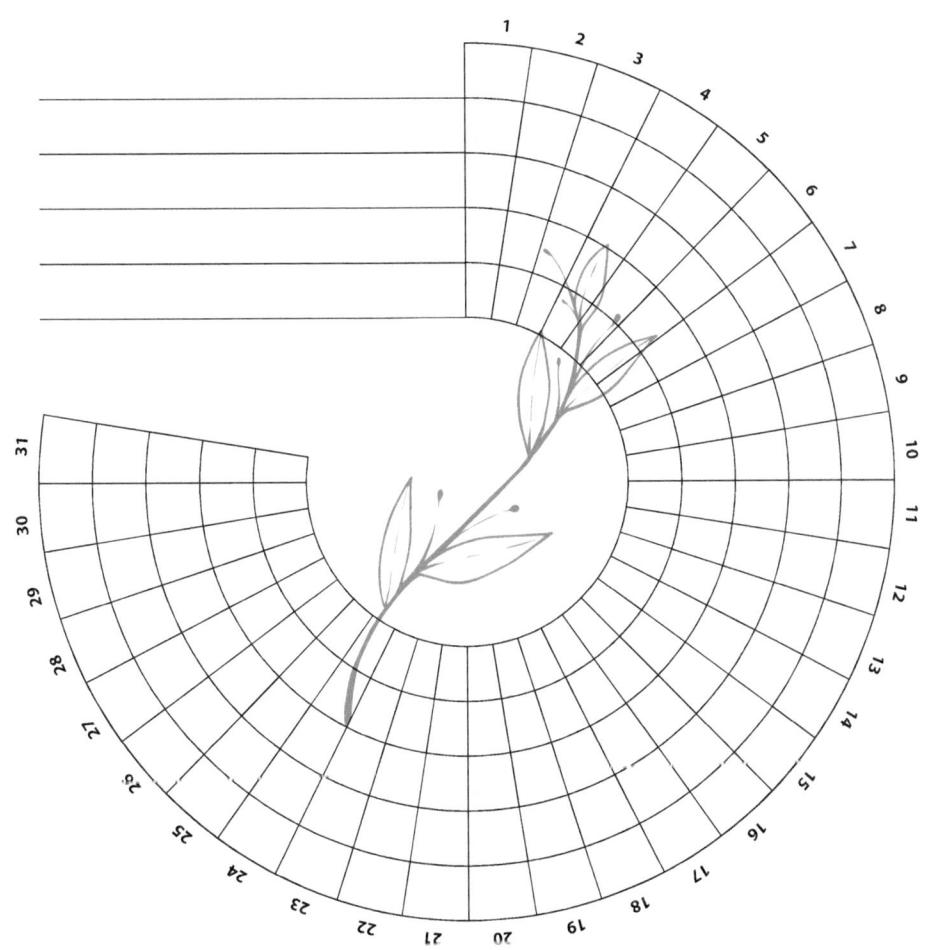

NOTES:

© 2024 ANAÏS COACH
ÉDITION : BOD · BOOKS ON DEMAND, 31 AVENUE SAINT-RÉMY,
57600 FORBACH, BOD@BOD.FR
IMPRESSION : LIBRI PLUREOS GMBH, FRIEDENSALLEE 273,
22763 HAMBURG (ALLEMAGNE)
ISBN : 978-2-3224-9629-7
DÉPÔT LÉGAL : JANVIER 2025